教室は楽しい授業でいっぱいだ

子どもと創る
“心はずむ”
学びの世界

山﨑 隆夫
Yamazaki Takao

高文研

はじめに

六月の教室です。真夏のような太陽の光を浴びて、校庭の木々が黒い影を白い大地に印していました。開け放たれた窓からときおりやさしい風が吹きこんできて、子どもたちの襟元をくすぐっていきます。国語の時間、四年生の子どもたちと「白いぼうし」（あまん・きみこ作、光村出版、教科書四年生上巻）を読んでいました。時間を忘れてみんな発言に夢中です。言いたくてたまらないのです。

「あのね、『かわいい白いぼうしが、ちょこんと置いてあります』と書いてあるでしょ。目立たないんだなと思いました」

「そこにあるのは、その帽子だけって感じです」

「ちょっとさみしい感じがします」

「ちょこんとって言うと、赤ちゃんが座っているみたい」

「『置いてあります』と書いてあるから、誰かが置いたんだよ。きっと」

こんな話し合いを続けているとき、授業を終えるチャイムが鳴りました。

「今日はここまでにしようね」と私。

すると、子どもたちが口を尖らせ半分怒ったように、それから悲しそうな顔をして言いました。

「ええ、そんなあ！」

「先生、授業やめないで！」

私は、授業の終わりを告げるチャイムが鳴ると、子どもたちの休み時間を必ず保障します。学びの時間と同じように、休み時間は子どもが今を生き成長・発達する上で、かけがえのない時間であり権利です。それは、教師や大人が勝手に操作したり侵害したりしてはいけない時間です。それでチャイムが鳴ったとき「終わりにしよう」と言いました。しかし、子どもたちは納得しないのです。仕方がないので言いました。

「じゃあね、どうしても言わずにはいられない人は、ここにいらっしゃい。聞いてあげます」

すると、一〇人ほどの子どもたちが黒板の前に列を作りました。私は、そのひとり一人の声を耳元で聴き取って行きました。大切な言葉をチョークで黒板にメモしていきます。すると、子どもたちはやっと納得し、安心したように笑顔を見せて外に飛び出していくのでした。

※

教師になってからずっと子どもたちと楽しい授業ができたらいいなと思ってきました。子どもの瞳が輝き、教師である私も楽しくて、共に創り出す授業ができたらいいなと考えてきました。それなりの努力はしてきましたが、子どもたちから毎日のように「授業やめないで！」と言われるようになったのは五〇代になった頃からでした。それは、私にとってとてももうれしいことでした。

その頃から私は、新任教師の指導を校長から頼まれるようになりました。退職までに五人の若者たちと出会っています。さらに様々なつながりを通して、都内や県外の若い教師たちが、私の教室にやってきました。勿論、校内の若者たちも！　授業を見に来たり、月に一、二度開催する夜の学習会

(『教育実践ゼミ』と名づけていました)に参加したり。この若者たちと共に生きることで、授業や子ども理解、学級づくりについて私自身多くのことを学ばせてもらいました。

そんな中の一人、新任教諭のS君が、ある研究会の場で私の授業についてこんな感想を寄せてくれました。

「山崎先生の授業は、何ていっていいのか難しいのです、説明するのが。授業が始まると子どもたちは小鳥が飛び立つように自由にあちこちへ飛んでいきます。でも、先生が何か一言ささやくと、空を舞っていた小鳥たちがササササッと集まってきて、そこに新しい学びの世界が生まれていくのです。何だか魔法をつかっているみたいです。真似するって難しいんですよ」

参加者のみなさんが笑って聞いていました。勿論、真似してくれていいのですが、この彼の言葉のなかに私が授業で大切にしているイメージや姿勢が見事に捉えられているように思います。私は、授業は無理をせず自由を含んだ「自然体」がいいなと思っています。この「自然体」の中に、〝深さ〟と〝やさしさ〟と〝楽しさ〟が生まれたらいいなと思っていましたから。

二年生の保護者のHさんからは、一年間の学びを終えた日、こんな手紙をいただきました。

「先生の、何より二年A組一人ひとりを大切に思い、認めてくださっている姿にふれ、何度も心が温かくなりました。授業は勿論のこと、お誕生日の肩車、アコーディオンの演奏、すもうや昔遊び、そして絵であふれる黒板、色とりどりの思い出と学びの楽しさを子どもたちにプレゼントして下さいました。二年A組の教室は、まるで宝箱のようにキラキラ光る思い出であふれています。

また、子どもたちが学ぶことに集中しているとき、教室という箱の空気が透き通ったように変わったのが忘れられません。

子どもたちの中に蒔かれた先生の優しさの種が、花を咲かし、種になり、またどなたかの中で花を咲かせるでしょう。親も子も、山﨑先生に担任していただいたこの一年間、とても満たされておりました。ありがとうございました（注1）」

学び合う授業の場面について「教室という箱の空気が透き通ったように変わった」という保護者Hさんの言葉の鋭さに驚かされました。とてもうれしく思いました。保護者の方々は、曇りのない眼で、教室で起きている出来事の大切なものをきちんと感じ取る力があるのです。そして、深く、楽しく、豊かに学び合う教室の一瞬を、見事にとらえているのです。

※

いま学校は、アクティブラーニングやユニバーサルデザインといった新たな視点にたつ教育観や指導観による授業展開が求められています。子どもたちへの配慮は当然です。そして、日々の授業が上からの押しつけではなく、「主体的・対話的で深い学び」を中心に展開されることは重要なことだと思います。しかし、さまざまな地域での実践や若い教師たちの授業に関する報告などを聞いていると、首を傾げたくなるような実践の押しつけがあり、「スタンダード」の名のもとに形式化・形骸化が進行し、ある意味でこれまでの学びを否定し教育を逆に貧しくしてしまうような状況が生まれています。若い教師たちや心ある教師たちの苦しむ姿が伝わってきて本当に心を痛めています。

新しい学びこそ、より子どもや教師を自由で創造的にすべきです。多様な学びが展開されるべきです。それが二一世紀の授業や学びの発展です。教育や文化が貧しくなってしまっては元も子もありません。何か反対の様相がうまれていることを悲しく思います。

わたしは、本書において、こうしたある種のマニュアル化した授業スタイルや形式化した授業展開に唯々諾々と従うのではなく、もっとひとり一人の教師が自由で個性的に、かつ人間的に、心を震わせながら授業と向かい合い、一人として同じ子のいない教室で、子どもたちの個性や輝きを大切にしながら、他のクラスとは違ったかけがえのない物語の生まれる授業づくりをしようと提案したいと思いました。その方がずっと教育は楽しいし、子どもたちも自由や安心を得て、キラキラと躍動すると思うのです。授業の中で「ぼくは生きている」「わたしは生きている」――そう感じ、この教室空間と学びの空間をこよなく愛する子どもたちを育てていってあげたいと思います。

本書では、さまざまな視点から私が実際に行ってきた、それも特別な課題や問題を意識して取りあげた授業と言うより、ふだんの何気ない授業をとりあげてみました。特別な授業の良さを否定するわけではありませんが、子どもたちは圧倒的な日々、普通の授業を受けながら生きているのですから、ここに光をあてるべきだし、こうした何気ない日々の学びの中にこそ子どもを育てる力や秘密があると考えるからです。読者のみなさんの、自由で豊かな学びをつくりたいという願いに少しでもお役にたてたらうれしいです。

（注1）保護者から頂いたこの素敵なコメントは拙著『希望を生みだす教室』（旬報社、二〇〇九）の「あとがき」でも紹介している。

✴――目次

第I部

楽しい教室、楽しい授業づくりの基本

第一章　こんな学級がいいね

(1) 大好きな教室

自然体で過ごせる教室は、自由と安心に満ちています。今日の子どもたちは、大人や教師を驚かすような鋭い視点や力、可能性を持っていますが、同時にこんなことで傷つくのかというような〝脆さ〟や〝危うさ〟をあわせ持っています。パニックになる子、キレる子、閉じこもる子、異質な他者との交流に傷つく子、心の奥深くに生じた負の感情を無いものにして「よい子」をやり続ける子等、様々な子どもたちがいます。そんな子どもたちをしなやかに受け止め、苛立つ気持ちや攻撃的な感情をそっと吐き出し、教室に生まれてくるトラブルをゆっくりと解決し、共に過ごすことの喜びへと転換できる教室がいま求められています。勿論、今を生きる子どもたちの素敵な可能性を大切にし、その力に驚き尊敬しながらです。

私は、今日の子どもたちと過ごす教室のあり方について、教師としての立ち位置や生き方を考え、安心と自由に満ちた教室、誰もが大切にされ自然体で過ごせる教室をつくりたいと考えてきました。

そうした思いから心に浮かぶ教室の風景を一つの物語にこめて詩に表してみました。教師として生きる自己を振り返り、しなやかな眼差しでいられるよう願って。

（詩）大好きな教室

ぼくはね
だあれもいない朝の教室に入るのが好き
誰かがかくれているようで
何かがあふれだすようで
なつかしさがこみあげてくる……　だから
たまらなく好き

きのうのぼくがいる
歌った　ぼく
とっくみあった　ぼく
先生にほめられた　ぼく

ああ　ぼくだけじゃない

みんなのにおいがする
笑い声がする
きのうのみんなが　一度にあふれだす

不思議だな　朝の教室
だあれもいないのに　ぼくがドアを開けると
何かが　いっせいに動き出す
あっちの机から　こっちの本棚のすみっこから

不思議だな　朝の教室
きのうのぼくたちと　きょうのぼくたちが
合体する　そして
すれちがうように　きのうのぼくが消えていく
今のぼくが　動き出す

扉の向こうに二つのランドセル！

「おはよう、沙耶」

「おはよう、亮太」

キラキラと　朝の教室の空気が揺れる(注1)

学校はやらねばならないことがたくさんあり、次々と課題に追われ忙しい時間が流れていきます。教師は子どもの思いを聴くことなく心に蓋をして、上から求められる「あるべき姿」を力づくで押し付け、子どもたちを動かしたいという欲求にとらわれます。そして、いつしか目の前の子どもたちが、かけがえのない一人の人間として生きていること、私とは違った思いや考え・思想を持つ存在であることを忘れてしまいます。そうであってはならないと、私はいつもしなやかな感情を子どもの前で取り戻したいと考えていました。そして、誰もが安心して自分を表現したり涙を流したり、時には怒ったりぶつかったりしながら、少しずつ一つの学級としての物語を描きながら成長できたらいいなと考えていました。

(注1)自作の詩から

(2) 一枚の絵～学級が生み出すドラマはどんなに小さくたって世界に一つの物語なんだ

学年が終わる子どもたちとの別れの日、私は学級通信にクラス全員が登場する一枚の絵を描いて手渡してきました。それを手にして子どもたちの喜ぶこと！　それまで通知表（あゆみ）を互いに見せ合ってキャアキャア言いながら騒いでいた子どもたちが、あっというまに絵の世界に入りこみ、夢中になり見つめています。教室での長い一年の物語を思いだし心に刻んでくれているのです。

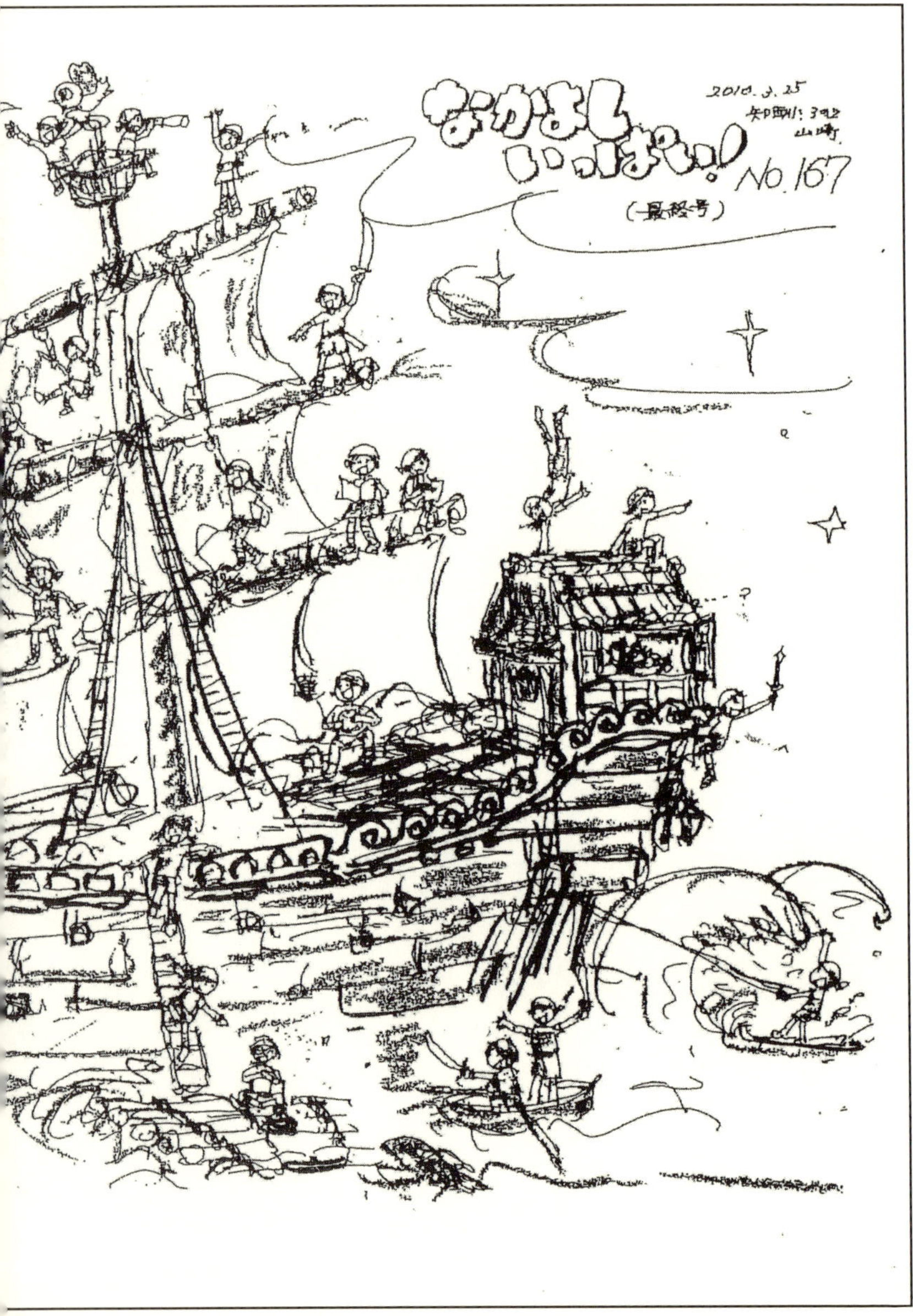
なかよしいっぱい!
2010.3.25
矢口西小 3の2
山崎
No.167
(最終号)

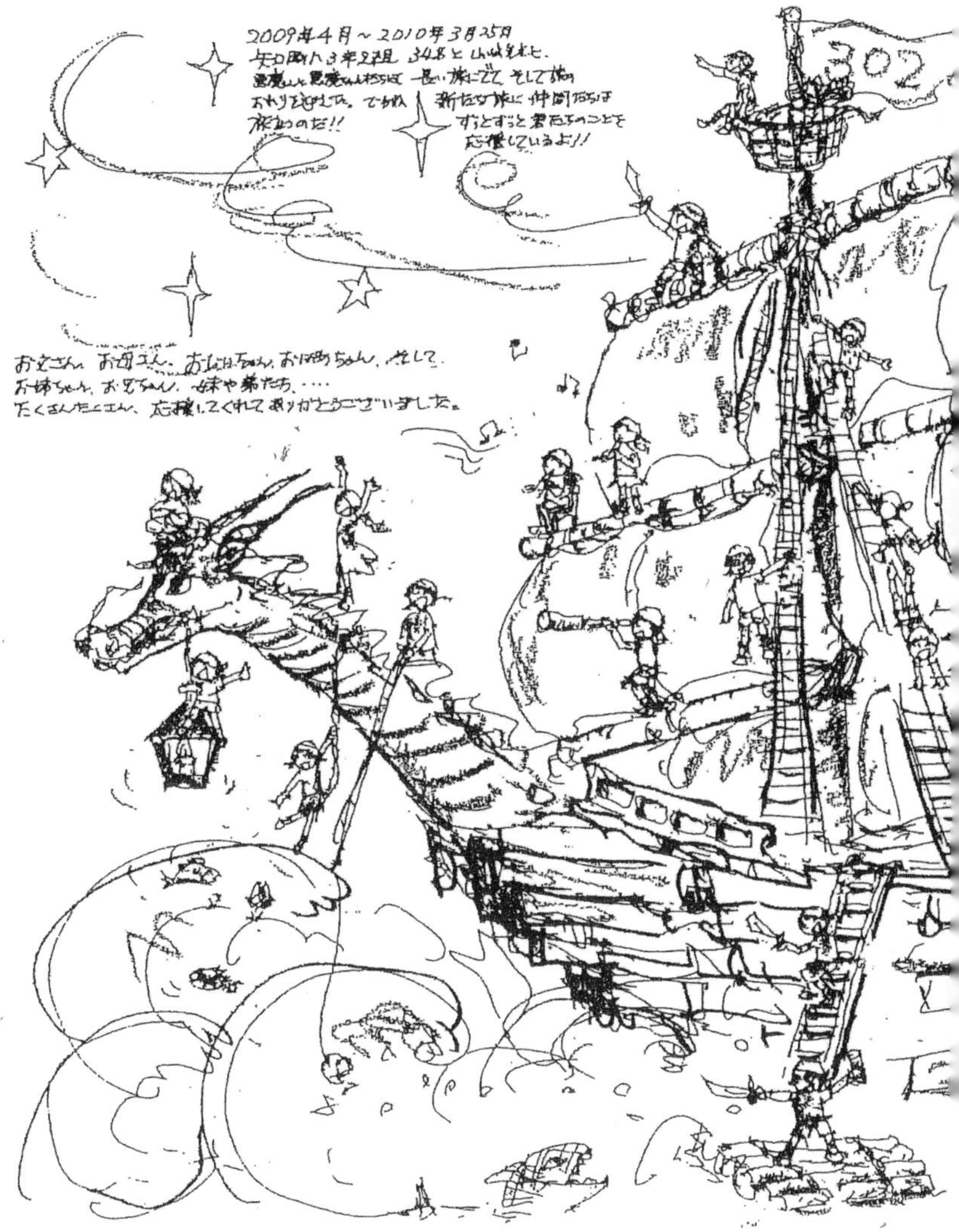
2009年4月～2010年3月25日
長い旅にでて そして旅の
おわりを迎えた。でもね
新たな旅に仲間たちは
旅立つのだ!!
ずっとずっと君たちのことを
応援しているよ!!
302
お父さん、お母さん、おじいちゃん、おばあちゃん、そして
お姉ちゃん、お兄ちゃん、妹や弟たち、・・・・
たくさんたくさん、応援してくれてありがとうございました。

学級通信、帆船の絵

最後に担当した三年生の子どもたちには、みんなが登場する帆船の絵をプレゼントしました。

「見て！　侑ちゃん、逆立ちしてる。海に落っこちるぞ」

「俺なんか、マストの上だもんね」

「きゃあ、亜矢ちゃん空を舞ってるよ」

「うわぁ、竜太はサメと闘ってるのか」

終業式前夜、遅くまでかかって、子どもたちの一年の歩みを思い出しながら、それぞれの子どもたちの姿を特徴にあわせて帆船のさまざまな場所に描きこんでいきました。それは、私にとって懐かしく楽しい時間でした。この絵を額縁に入れて、今も自宅の壁に飾っていてくれる子もいます。

学級は、一つとして同じクラスはありません。みんな違ってそれぞれのこだわりの人生を生きながらこの教室のメンバーの一人になっているのです。六歳の子どもも、一二歳の子どもも！　教師もまた同じです。得意とするところだけでなく、喜び、笑い、怒り、また思わず涙する瞬間などは、みんな違って個性的です。それが人間です。だから、同じ指導案での授業や教室での生活体験があったとしても、そこに生まれ、紡ぎ出される教室の物語は一つとして同じものはないのです。教室の子どもたちと、その子たちを愛する教師がいて、深い人間的情動を揺り動かされながら新たな価値が形成されていく素地があるのです。ですから、それを大切にすることこそ教育の本質ではないかと考えています。

こうした、一つとして同じでない教室の物語を丁寧に掬い取り、そのことの意味を子どもたちや保護者たちに伝えていくことは、今日のマニュアル化した学びや、形式・形骸化した「規律・規範」優先の学級づくりの硬直した枠組みや鎧を取り去り、そこに人間的かつ文化のかおりのする世界を生み出していくと思うのです。

(3) 学級づくりで大切にしていること

楽しい授業づくりは、楽しい学級づくりと深くつながっています。ここでは、安心と自由を土台に私が大切にしている学級づくりの基本を紹介し、子どもたちが存在を受けとめられながら、生き生きと教室ですごせるようにどんな取り組みをしているかを簡潔に述べておきたいと思います。

①教室の子どもたちひとり一人に敬意を持って接すること

どんなに幼い子どもであっても、問題を起こしがちな子であっても、舌足らずな表現でしか自己の思いが語れない子であっても、その子のかけがえのない命と存在、尊厳にたいする敬意を持ち、その子の声を（例え言葉にはならなくても）、願いや訴えを、聴き取ること、聴き取ろうとすること、感じることを大切にしたいと思います。

学級のきまりや規則に反し、友だちに嫌な思いをさせたり暴力を振ったりする子は、丁寧に自己の感情を聴き取られ、存在を大切に扱われることの少なかった子たちが多いです。しかし、彼らの中には、どの子にも伸びようとする芽があり、それを引き出し受け止めてくれる人間の存在を待っています。

②子どもを深く愛すること

子どもはどんな子も、担任教師に愛されることを待っています。四月の始業式、担任発表のあったその瞬間から、子どもたちは心の扉を開き、先生のことを知りたい、好きになりたい、愛されたいと願い始めています。この期待に応えたい。ぼくら（私たち）の先生が、何を好み、どんな服を着て、何を大切にするか、何に喜び、何を怒り、何を悲しむか、子どもたちは知りたいのです。瞳をこらして見つめています。時には憎たらしい言葉を吐き、反抗し、可愛げのない反応をする子もいるけれど、心の奥底では愛されることを待っています。

教師は、その子の育ちの過程やこだわりを知り、存在を受けとめながら、寄せてくる信頼に応えたい。子どもの言動の背後にある生活世界を知り具体的に触れることで、その子を深く愛することが始まっていきます。知ることは愛おしさの土台です。愛された子はどの子も、受け止め方は違うけれど、それぞれの表現の仕方で希望の芽を膨らませはじめます。子どもの変化と教室の変化は、ここから生まれてくるのです。

③聴くこと、聴き合うことのできる教室づくり

日常の生活や授業の場面で、私は子どもの声を徹底して聴きます。聴き取れないような声もじっと待ちながら、この子がいったい何を言いたいのかを静かに待ちます。たどたどしい言い方に、ときには言葉を添えて励ますこともあります。そして、その子の声をクラスみんなで耳を澄まして聴きとります。おしゃべりをしている子や聴いていない子がいる場合、その子の近くに行って一緒になって発言者の声に耳を傾けるよう促します。そのことを一年間丁寧に繰り返します。子どもは、こうした私の取り組みを通して、安心と自由の中で、自分の思いや気づきを語り、友だちの声をしっかり受け止

めていきます。こうした取り組みや姿勢によって、教室にいる仲間の存在を知り、その重さ、豊かさ、楽しさに気づいていくのです。

④触れ合うこと、群れて遊ぶことを大切にする

子ども（人間）はみな他者とのつながりの中で自己を形成していきます。周囲の人間と触れ合うことなしに生きていくことはできません。教室には、育ってきた環境や家族の価値観、生き方の違いなどから、相手の思いや感覚を理解できず受け止めきれない子どもが存在します。小さなストレスや齟齬が原因で、他者との共同が築けなかったりする場合が多く見られます。こんな子どもたちの世界に、仲間と過ごす楽しさを伝えたい。学習や生活において、体を使った小さな遊びや外での大きな遊びを意図的に取り入れてつながりをつくっていきます。

握手、誕生日の肩車、すもう、様々なゲームを通しての身体の触れ合い、授業での意図的なつながりづくり等、あらゆる場で、他者と生きることの快さの実感を生み出していきます。触れ合うことを拒絶する子もいますが、配慮を加えながら少しずつその違和感を取り除いていきます。Sケンの激しさと面白さが、攻撃的でつながりを欠く子どもたちのいる教室を大きく変えていきました。そもそも遊びは「人間発達の窓」ともいえる豊かさを持っているのです。この力を今日の子どもの生きる世界に取り戻してあげたいと考えます。（注2）

（注2）岡本夏木著『幼児期』（岩波新書、二〇〇五）の第Ⅱ章「なぜ『遊び』か」より

⑤学級を見る目、育てる目を持つ

《比較の目は嫌い！　教師は教室に生起するどんな事実を見ているか》

子どもたちは、担任教師が自分たちのクラスを本当に好きか、愛しているか、鋭い眼で見つめています。比較の目は大嫌い…。「A組を見ろ！　あんなにみんな真剣に取り組んでいるのに、なんだこのクラスは！」とか、スポーツ大会や合唱コンクールの結果を気にして「四位、情けない！　お前たちにはあきれた。こんな賞状はいらない」等々。担任は悔しくて励ましを込めて言っているのでしょうが、こうした冷ややかな言葉が教室の子どもたちの心を深く傷つけます。教師の眼差しが外側に表れた結果にしかむいていないのです。クラスの中で、かけがえのない価値が生まれていることに気づいていないのです。

学級の中では、様々なドラマが生まれています。リレーのバトンパスをグランドの片隅で教えている子、覚束ない指タッチでしか弾けないピアノを何とかクラスのためにと家や音楽室で練習している子、汚れた教室を出る時そっとゴミを拾い机の整頓をしている子、水泳大会では最下位だけれど「ぼく、リレーに出るよ！」と言って、やっと二五メートルを泳ぎ切った子等々。こうした事実、小さなエピソードの中にこそ、学級を動かす力が隠れているのです。これに気づく教師でありたいと思います。

《ありのままの子どもの自然な姿から出発》

担任するクラスが決まったとき、クラスをどう見るかはとても重要です。時にはこんなクラスと出会うことがあります。

リーダーがいない、荒れる子が多い、発言する子やスポーツの得意な子が少ない、様々なテストの結果も低い…。「今年は何をやっても他のクラスに負ける。外れだな…」などと心無い言葉を吐く教師もいます。こうした言葉を聞くと辛く苦しくなります。こんな時こそ、学級を丁寧に分析し、教室の子どもたちの特徴をつかみ、彼らが何に喜び、何にこだわり、どこに進歩の可能性があるかを見出していく必要があります。こうした視点に立てば、学級を前進させる小さな変化や可能性の芽に気づき発見できます。

「水泳大会は最下位だった。でもね、先生は涙が出たよ。だってリレーのメンバーが足りない時、明君は二五メートル泳ぐのがやっとだったのにパッと手を挙げて立候補してくれた。そして、リレーに出た仲間たちは明君の順番が来る前にできるだけ差を広げておこうって集まって相談していたじゃない。全力で泳いでいたでしょ。それを見てね、涙が出たの。いいクラスだなあって思ったんだ。この四位の賞状はぼくらの記念だね！」

⑥学級づくりは子どもと共に

新学期を迎えると、教師は子どもたちに学級づくりの夢を語ります。「いじめのない明るいクラスに！」「間違いを大切にし、みんなが発言するクラスがいい！」「誰もが大切にされ、笑顔あふれるクラスにしよう！」「一人はみんなのために、みんなは一人のために！」等々。

教師が学級づくりの方針を持つことは大切です。しかし、子どもたちは、誰もが教師と同じように夢や憧れを学級に感じているわけではありません。多様な価値の中で生きる子どもたちの声を互いに聴き合い響かせ合いながら、少しずつ学級の夢を明らかにし、子どもと共に実現していくことが大切です。学級の揺れを恐れず、散歩道や回り道を楽しむように！　焦りは禁物です。その方が遥かに豊かな学級のドラマが生まれ思い出が築かれていきます。

⑦規律や規範は、快さや〝誇り〟の感情の中で育つ

子どもはみな、新しい教室で仲間たちから温かく受け止められ安心して過ごせたらいいなと感じています。安心と自由を土台に、落ち着きのある学級はどのようにして生まれていくのでしょうか。私は、子どもたちが仲間と過ごす素敵な学習場面や生活場面が生まれた瞬間をとらえ、そこにある価値や可能性を高く評価し、心から感動し、「君たちのこの努力と姿勢がうれしい」と率直に伝えます。そして、彼らの眼差しが前進的トーンへと向かうよう励まします。自分たちの生活や学びの中に、未来に向かう力や可能性が隠されていることに気づいた子どもたちは、規律や規範だから従うのではなく、そのことに対する〝誇りの感情〟によって自他の生活を自ら進んでコントロールするようになっていくのです。

「今日の三班の理科室掃除、よかったなあ！　仕事を分担し、椅子をあげ、ゴミを処理し、文句一つ言わず黒板や水洗い場をきれいにしていたもの。孝司君のひと言、よかったよ。『おい、みんな。すばやく掃除しようぜ！』って言っていたね。あの言葉は、みんなをやる気にしたんだ。そして、きれいになった理科室は実に気持ちがいい」「体育のリレーで使ったゼッケンの片付けがよかった。リーダーの指示に従い、『今日は、ぼくだね』って言ってかたづけていたよね」「朝読書の集中が

うれしいな。四月の頃は、席について読んでいる人たちは二〇人くらいだった。でも今は、全員が席に着いてシンと集中して本を読んでいる。気持ちがいい。この時間の静けさがぼくは好きだ」

⑧『目標達成祝い！』や『クラス祭り』は大胆に

学級会で決めた目標や、教師と子どもたちとで作った約束などが守れたとき、私は子どもたちと目標達成祝をします。何をするかは子どもたちが決めます。約束は一時間。難しい提案も、何とか実現のために工夫しその成功のために努力を惜しみません。近くの森に行ってかくれんぼや『ぽこぺん』を楽しんだこともありました。

『クラス祭り』も学期に一度は行います。班を使った公的グループによる歌や踊り、劇などの発表と、私的グループによる自由な飛び入りコーナーも設けながら…。当然生じるトラブルを含め、子どもたちの関係性を深めつつ、それでも「楽しかったね！」と言えるような祭りを生み出していきます。保護者の参加を呼びかけ共に楽しむ会も開いていきました。

⑨「よいクラス」とはどういうクラスを言うのか

私は次のように考えています。

美しく管理・整頓され、子どもたちが内面の痛みや辛さ、哀しみを隠し、整然と日々を過ごすクラスではなく、抱えている悩みや思い、生活の重さが、安心のなかであふれ出すような、子どもらしい個性を響かせ合えるようなクラスこそ「よいクラス」と言うのではないか—と。

そしてトラブルが生じても、豊かな話し合い（笑い、涙、叫び、憤り、怒り、喜び、共感等々、様々な感情の表出がある）などを通じて、自己や他者の人間的価値に目覚めながら、支えてくれる教師と共に、自他への信頼を深め、希望を生み出していく、そんなクラスこそ「よいクラス」なのではないか―と考えます。その方が遥かに、子どもたちは人間を豊かに学び、自他への希望や可能性を感じていると思うのです。

第二章　楽しい授業づくりのために

(1) あふれだす子どもの思いを受けとめて

授業の始まりを前にすると私の胸はいつも高まり、からだの奥の方から小さな震えのようなものがやってきます。そして思います。「この時間、子どもたちと新しい世界を旅するんだ」「彼らと一緒に今日はどんな物語が描けるだろうか、楽しみだな」と。しかし、無理強いはしません。そこには子どもの流れる時間があり、ひとり一人の命のリズムやこだわり、都合もあります。教師と子どもとが共に心をつなげあい、学びのスタートラインにつかなければなりません。

ここでは最初に、そんな授業を前にした子どもとの楽しいやりとりの場面を紹介しましょう。

❋体育の授業を前に心弾ませながら子ども世界を生きる子どもたち

二年生の体育の時間です。子どもたちが体操服に着替えをしている教室で私は言いました。

「先生が外に出るまでジャングルジムや雲梯《うんてい》で遊んでいていいからね」

「やったぁ！　行こうぜ、外へ」

みんなスキップしながら校庭へ飛びだしていきました。それから、太陽の光をいっぱいに浴びて夢中で遊びだしました。私はロッカールームで着替えをして校庭に立つと、しばらく遊ぶみんなを見つめていました。始業のチャイムが鳴ってすでに数分たっています。それでも子どもたちの、元気いっぱい遊ぶ姿にみとれていました。

笛を一つ吹きました。

するとみんなは、私を見つけ遊びをパッとやめ、遊具を後にし真っ直ぐにこちらに向かって駆けてきました。瞬く間に整列─。これは校庭の体育での私と子どもたちとの暗黙の了解です。

ところがこの日は違いました。

（詩）　ハメルンの笛吹男みたい

体操服に着がえて
ぼくが外に飛び出すと
クラスのみんなはジャングルジムの上に登っていた
冬の青空に向かってみんな背伸びしている
歌っている

抱きしめている
泳いでいる
にらめっこしている
ああ　あの子は
青空を食べている

「おおい！」
ぼくはみんなに手をふる
お日さまの光を跳ね返す笑顔で
子どもたちが手をふりかえす

ぼくはラインカーに石灰を入れ
サッカーコートをかきはじめた
校舎に向かって真っすぐに
それから直角に

ふと気づくと
背中の後ろでかわいい靴音がする

「タッタッタッタ　トコトコトコ」
小さな笑い声も混じっている

おやおや子どもたちだ
ぼくの後ろからついてくる
白いラインをまたぎながら
列をつくり　追いかけて
友だちの背中に手をのせて
クラス全員の列だ！

ぼくは笑いながら白線を引く
子どもたちが歌い出す
「それいけ、それいけ、わっしょい、わっしょい」
「一、二、一、二　それいけ、それいけ、わっしょい、わっしょい」
まるで即興劇をしている気分
ハメルンの笛吹男だな　ぼくは！

一年生の教室の窓の向こうから

新任の理奈先生が笑って見てた
「体育の授業すてきでした。子どもたち、かわいかったです」
「うん、ぼくもそう思ったよ」

空は青空　冬の青空
うれしい　うれしい
青空（注1）

こうした子どもと生きる自然体が私は好きです。無理のない柔らかな時間が流れています。学びに向かう子どもたちのエネルギーがあふれだし躍動しています。深く楽しい学びが生まれる土壌がここにあるのです。勿論、ふだんは簡単な挨拶や確認をして授業を始めるのですが、こうしたしなやかな対応もまたいいものだなと思います。「授業の始まりは目標を必ず書く」「姿勢をただし黙想をする」―こうした授業の型をマニュアル化した「授業スタンダード」なるものが、どこかでいつのまにか決まり、これを徹底する学校もあるようですが、授業によってそれは多様であっていいのだと思います。その方がずっと学びはしなやかで可能性に満ちています。

（注1）自作の詩より

(2) 授業、最初に考えるべきこと　三つの視点

楽しい授業づくりで最初に考えるべきことは何でしょうか。安心と自由のある教室づくりを前提にして、私は三つ基本的視点を大切にしたいと思っています。

①子どもの〝驚き〟や〝夢中〟をどう生み出すかを常に考える

「子どもの瞳の輝く授業がしたい！」といつもこだわりの視点を持っていたい。教科書で取り扱う教材や単元であっても、子どもの驚く顔が見たい、好奇心を刺激してやろう、どうしたら子どもたちが夢中になるだろうかと考えながら、日々を過ごしていくことです。

五年生の小数の学習。教室には不快なことがあると「キレて」学校を飛び出し家に帰ってしまう修一君や、いつも怒って授業の途中廊下に出ては、寝転び、悪態をつき、暴言を吐く崇君がいました。一方、五年生で学ぶ小数の学習をすでに進学塾で学び終えている子が三分の一近く。この子たちを授業で夢中にさせるにはどうしたらよいか。ふと私は、「人間の歴史において、小数と分数はどのように生まれてきたのだろう？」と疑問を持ちました。何冊かの書物にあたり、分数は四〇〇〇年以上前すでに古代エジプトで生まれていたこと、小数は比較的新しく一六世紀後半、時代の必要性からベルギーの数学者ステビンという人物が創り出し、その後他の数学者たちによって表記の改良が加えられ小数点が生まれたことを知りました。

「これだ！」と私は思いました。授業の始まりに子どもたちに問いかけました。「小数と分数は、三

年生ですでに学習してきましたね。では皆さんに尋ねます。小数と分数、どちらが古い歴史を持っていると思いますか？」

この瞬間、教室の空気がサッと変わり、心地よい緊張感が漂い始めました。止まっていた子どもたちの思考に変化が生まれたのです。「えっ、お前どっちだと思う」。崇君が後ろの席の直君に体をひねって尋ねます。「小数かな…」「いや、私は分数の方が古いと思う…」。彩乃さんが話し合いに加わります。修一君の瞳に光りが灯りました。教室の子どもたちが一つの問いを前に、対等に同じ土俵で話し合う場が生まれたのです。

小数がステビンによって四〇〇年以上前にこの世に誕生したことを知った子どもたちは、「へえっ、そうなんだ！」と驚きの声をあげました。

「それでね、小数点が誕生するまでにいろいろな表し方が研究されたの。整数と小数の境目の記号だけど、君たちだったらどういう印を考えますか」

子どもたちが次々に登場し面白い記号を数字の間に書き入れました。未知の問題を追求し解明し合う教室は楽しくてたまりません。修一君も崇君も勿論その輪の中に加わっていました。

②子どもと私とで創る世界に一つだけの個性的な授業を目指す

教室の子どもたちも教師も、それぞれの人生の物語を抱え今ここに存在し、教室の一員となっています。子ども一人ひとりが持つ個性やこだわりと内部から生まれるエネルギーが引き出されるとき、そこには当然教師の力が加わり新たな思考の飛躍があるのですが、世界に一つだけの学びの物語が生まれていきます。これを大切にしたい。〝学ぶ〟と言うことが、その子の生き方や感情・情動などの動きと一体化したとき、それは子どもの生きて働く力となり、人格や認識の枠組みに影響を与え、忘れがたい『ほんものの知』となっていくと私は考えています。

「荒れる」六年生の子どもたちと初めての授業をしたとき、詩人・川崎洋氏の「たんぽぽ」の詩をとりあげました。教室にタンポポの綿毛を持ち込んで…。(注2)

「たんぽぽが／たくさん飛んでいく／ひとつひとつ／みんな〔　　〕があるんだ」

子どもたちは、〔　　〕の中に合う言葉を夢中になって考え発表しました。川崎洋氏の言葉は「名前」です。子どもたちの考えた言葉は、「いのち」「しごと」「個性」「力」等々。その言葉を入れて読み合うと、一編の詩から別の新たなイメージが立ち上がり広がりました。私も子どもたちも互いの発言に驚き、感動し、圧倒されました。そして、改めてこの詩を深く読み取っていくことができました。教室にやわらかな空気が流れ出しました。一二歳の子どもたちの、素直でやさしくナイーブな心を感じ、私はうれしく思いました。

いずれにしても、どんなに誰かの真似をしても、授業はいつも世界に一つだけの物語なのです。だから、自信を持って教室の子どもたちと個性的な授業に挑戦すればいいのです。

(注2)この詩の授業は本編第四章の(2)「みんな詩人になれるよ」で詳しく紹介している。

③学びの深まりや飛躍の力は子ども自身の中にある

子どもの伸びる力は子ども自身の中にあります。このことを授業においていつも確認し、忘れてはいけないと思います。

同じ「荒れた」六年生の体育の「走り幅跳び」の授業でのこと。子どもたちは、体操着の上にフード付の厚いコートを羽織ったまま、授業が始まっても互いに牽制し合い、本気で跳ぼうとしませんでした。気だるい雰囲気が流れていました。私は、彼らの中に閉ざされている飛躍を求める力が必ず発揮されることを信じ、スタートの合図の笛を淡々と吹いていました。三度目の試技を迎える時でした。瑛太君がコートを脱ぎ、唇をギュッと結びながら踏切板に向かって全力で走ってきました。強く大地を蹴り鋭いジャンプ！　小さな瑛太君のからだがふわりとうきあがり、砂場の遥か遠くに着地しました。見事な跳躍でした。

「三メートル四五センチ！」

「おおっ！　瑛太、すごいじゃん！」

子どもたちが歓声をあげました。

「先生、コート脱いでいい？」「俺も！」

「勿論さ」

それまでの気だるい雰囲気が嘘であったかのようにみんな本気になって跳び出しました。一二歳の少年と少女のジャンプ！　育ちゆく大きな体のすべてを使って表現する姿は、彼らの未来と繋がっているようで感動的でした。その日の教室で彰君が私に尋ねてきました。

「先生、瑛太のあの跳び方を教えて！」

翌日の体育は、これまでとはまったく違っていました。半袖半ズボン、白い体操服姿で校庭に集まる子どもたち。やる気満々です。

「彰君、三メートル七二センチ！」

「啓太君、三メートル六八センチ！」

自分を閉ざしていた殻を脱ぎ捨て、学びの意味をつかみ、その子の意欲に火が灯るとき、それは測り知れない力を発揮するのだと思いました。

(3) 授業づくり──四つの基本

ここでは、長い教師生活の中で私が大切にしてきた授業づくりの四つの基本を紹介します。

※基本一　授業でとりあげる内容が心を震わせるものであること

学びの扉を開く大切な鍵は二つあります。第一は、取り上げる教材（文化）が、子どもたちの知的好奇心や関心を刺激しその高まりを生みだすかどうか、第二は、今を生きる子どもたちの〝こだわりの世界〟や〝その子の人生の物語〟とつながり、彼らの心を強く揺り動かす内容かです。

そのためには、教師が教材に熱く心を動かされることが大切です。

「この面白さや不思議さを、子どもたちに伝えたい！」「これを学ぶことで、子どもと共に素敵な世界に行くことができる」と確信を持って言える内容であることが重要です。教材を深く多様な視点から問い、分析し、調べ直し、私と教室の子どもたちの関心に惹きつけて、心を動かすエピソードや〝光の一点〟を見出し、それを単元構成や授業展開に生かすのです。こうして「明日の授業が待ち遠しい！」と、子どもも教師も思えるような授業を生み出していくのです。

※基本二　授業が始まる瞬間、子どもの心をつかむ工夫を！

授業の始まりのチャイムが鳴ったとき、心がまだ集中を欠き遊びの世界にいる子もいます。この子どもたちを夢中にさせたい。子どもたちの心をとらえ、瞳を輝かせ、驚きと集中を生み出す工夫が必要です。

私の工夫していることをいくつか紹介しましょう。例えば、黙って文字を黒板に書く。一本の直線を引く。一枚の写真を隠したまま提示する。その日の授業の中心となる具体物を不思議の箱や紙袋に入れて持ち込む。パントマイムで学びのメッセージを伝える。本物のマッチやローソクを取り出す。唇を動かし、音のない言葉をそっと伝える。学習のめあてとなる言葉を〔　〕に入れ板書し、子どもの自由な推理や想像を促す等々。勿論、どれもその日の学びの世界と深くつながっている必要があります。

子どもたちは、こうした教材との出会いによって「何が始まるのだろう？」「今日もまた楽しい学びと出会えるぞ」と、授業に対する関心と期待を抱きます。子どもの心を一瞬でとらえ、授業の世界に引き込んでいくことが大切なのです。子どもは新しいこと、不思議なこと、面白いことが大好きです。子どもたちの学びに対する夢中と出会えた時、私は教師である醍醐味を味わい、喜びでいっぱいになります。未知の世界へ子どもたちと一緒に旅立つようでうれしい時間が流れていきます。

※基本三　教室のみんなの声を聴く、そして子どもたちの出番をつくる

授業が始まり、学習に対し興味や好奇心を持ち始めた子どもたちに対し、これを持続できるかどうかは授業の成否を決める重要な問題です。そのとき大切になるのが、子どもたちの学びに対する主体的な参加です。勿論、黙していてもじっと思考を深めている子もいますし、取り上げられた学びから少し離れて、ぼんやりと別の世界のことを連想しはじめている子もいます。そうした〝寄り道〟や〝あそび〟の部分にも、面白がり声をかけ学びの楽しさの一環として取り込みながら、全体として子どもたちを学びの世界へと誘います。

全ての教科において子どもの声を徹底して聴いていると、子どもたちは実に様々なことを語り出してくれます。それが楽しい。「同じです」と言った子に対しては、「あなたの考えを、あなたの言葉で話してね」と語りかけます。すると、前の子の発言とは明らかに違う質の発言が生まれます。その違いこそ宝物です。四月を過ぎる頃になると、誰一人授業中「同じです」と話す子はいません。みんな、自分の思いや考えを安心して語り出すようになるのです。

算数を始め何かの問いに対する解答も、黒板に人数分の解答欄を作れば、あっというまに全員が参加できます。そうでなくても、班ごとの解答や筆算だって同時に表現できます。解答欄に書かれた答えの微妙な違いを見つけてそこから討論がおきます。勿論、全員が注目する中、ただ一人挑戦してもらうことだってあります。いずれにしても子どもたちは、チョークで黒板に何かを書くのが大好きです。

❋基本四　学びを飛躍させる大切な「問い」

授業の質的発展のために、教師が意識しなければならない点があります。それは、授業において、子どもたちを新しい世界に誘う〝飛躍の問い〟が用意できるかどうか、あるいはその場で発見し、子どもたちに語りかけ、共に探究し合える問いを生み出せるかどうかです。〝いまある状態〟から〝新たな質の世界へ〟と飛躍を促す問いと言ってよいでしょう。

子どもたちが一つの課題や問いをめぐって「ああでもない」「こうでもない」と語り合うのは楽しい時間です。しかし、いつまでもそのままでは、学びは停滞し深い質へと発展しません。豊かで適切な〝問い〟が、子どもたちのそれまでの意識の流れや枠組みを打ち破り、深い思考へと誘い、飛躍させ、発見や葛藤・対立を生み出していきます。授業の中で、子どもたちがこの快さと触れ合うとき、学びは子どもたちにとってかけがえのない時間となり、喜びとなるのです。なぜなら、それまでとは違った新しい自分をそこに見出し、自己を拓いていくような〝未知なる力〟を深く実感できるからです。

授業は子どもとつくるライブの世界です。教師を超えるような、子どもたちの〝鋭い問い〟や〝考え〟〝発見〟が展開されることがあります。この瞬間をとらえ、豊かな学びに転換できる、授業に対するしなやかな眼差しや開かれた知性、そしてセンスが教師に求められます。この大切な瞬間をとらえる力は、深い教材研究と子どもの学びに対する〝尊敬〟の気持ちによって支えられています。よく学ぶ教師は、子どもに対して真摯です。

⑷ 授業と座席、子どもの発言とその受け止め方

◇授業と学びを支える座席のあり方

授業は、教室に生きる子どもと教師の豊かな関係を基本的な土台として生み出されていきます。学びを支える座席のあり方は、子どもと教師の関係性と授業の内容やねらいによって自由に選択されてよいのだと思います。決まった型にこだわり、他の型を安易に否定する考え方は、どこかに無理を生み出すのではないかと考えます。

私は、以下四つの方法を状況に応じて選択しています。いつでも子どもたちは、私の発する一言で、座席をさっと移動させ学びの形を変えることができます。

❋その一　全員が黒板の前方を見て学ぶ伝統的な型

この座席の形態は、教師の「権威」が重視され「教え授ける」と言った上からの強い「指導性」が前面に出て、「子どもの学び合う関係性」がおろそかにされているという指摘をよく受けます。しかし私は、この形の中にも黒板を前にして、意見を述べながらやわらかな学び合う関係を創り出すことができると考えています。

子どもたちは、黒板に書かれた友だちの意見や図、計算を見つめながら、自己の内部に生まれる疑問や紡ぎ出される思考と向き合い、つぶやくように語り出す子もいます。席についたまま静かにノートをとる子の中にも、発言はしないけれど、そこに生まれている問いをゆっくりと考えている子もい

ます。これは私たちの学びの場を考えてみればよく分かります。研究会の場などでは、前に立つ発言者の話を正面から聴くだけでなく、自分の座る席の前後や横から発せられる参加者の声に対し、目を閉じ、耳をすまし、静かに自己と向き合い、考えを巡らせながら聴いていることがよくあります。

わざわざ発言者の顔を見たり、身体をその人の側に向けたりしなくても、話された言葉を受けとめ思考は活発に動いているのです。外側に見える姿勢のみで、子どもが真剣に学んでいるかどうかを安易に決めつけてはならないと思うのです。

＊その二　班やグループを使う学び

アクティブ・ラーニングなどでは、よく求められる学びの型です。四、五人がグループになり机を寄せ合って、課題と対処する学習方法です。多くの場合、最初に問題を自力解決して、それからグループで互いの意見を交流し、教室全体の学びへと発展させていくやり方です。私も、社会科や理科、算数、家庭科などで、こうしたグループの学びを多いに利用し大切にしてきました。勿論、すべての時間ではなく課題によってです。

この型のよさは、教室の構成員の誰もがグループのどこかに所属することで、問題や課題に対し自己の意見や思いを語ることができたり、発言を余儀なくされたりするなかで、ある種の学びに対する主体化がなされることです。学習課題から外れて遊んでいたり、別のことをしていたりする子どもは当然少なくなります。そして、友だちと共同して学び合いますから、互いに協力して知恵をよせあい、問題の解き方を教え合ったり課題を解決したりする楽しみが生まれます。

グループや班の学習を取り入れることで、教師にその意思がなくても競争的・能力主義的傾向が強く、子どもたちを孤立させ、分断し、傷つけがちであった学びの時間が、共感と喜び、仲間への信頼を生み出す場に変わる可能性を持っています。しかしそれも、子どもと教師の学習に対する楽しく真剣な姿勢があってこそ成立するのです。

＊その三　教室を「コの字」型にして学び合う

教室の中央に少し広い空間を設け、この空間を囲み合うように互いに向かい合って、顔の見える形で座りながら学習する形態です。人数が多い場合は、この「コの字」が二列になっています。昔から学級会などでよく使われた話し合いの形です。

よさは、互いの顔が見えて声が響き合う関係が自然に生まれることです。同時に、教室の前方を見る旧来型の学習形態より、遥かに学習に対する抑圧感や圧迫感は少ないと言えるでしょう。私は、国語や社会など、クラス全体で互いの声を聴き合い、話し合うことの多い授業では、この形をよくとりました。子どもたちの発言するときに生まれる、手や体の動き、表情等が、教師にも友だちにもよくわかります。友だちどうし思わず顔を見合わせて笑ったり、「いまの裕太君の発言に言いたいんですけど…」と、子どもたちの中から反対意見や賛成意見、あるいは付け加えをするような意見もでやすい形です。

私は、みんなで思い思いに文学教材の音読をするような場面では、「コの字」型の真ん中に椅子を置いて座り、目を閉じて彼ら一人ひとりの声を聞きわけるように聴いていました。「思いをこめて自分のスピードで読めばいいからね」と言って。さらにはまた、例えば森林の持つ力を考える学習の時、「コの字」型の真ん中に長い樋を置き、山に降った水が腐葉土の「ダム」に溜めこまれながら少しずつ流れ出す様子を、実験を通して伝えたりもしました。中央の広場はこんな風に活用もできます。

※その四　扇形に机を並べたり、自由に床に座ったり

学習形態はこれだけではありません。縦型長方形に並んでいる子どもたちの机をギュッと前に寄せ、近い距離で絵本や写真を見せて語り合ったり、黒板の前に子ども用の椅子を一つ置いて私が座り、子どもたちをそこに呼んで床に自由に座ってもらい授業を進めたりすることもありました。算数の少人数学級授業では、十数名の子どもたちが黒板の前に集まり、中央の教卓を囲むように机を二列の扇形に並べて学習しました。この方が、子どもたちは互いの顔を見ながら仲間意識を感じたようです。教師にとっても、ひとり一人の声を聴くことができ、学び合いを進めながら同時にノートなどもよく見ることもできました。

以上、様々な机の配置と座席からみた学習スタイルの例を紹介しましたが、例外を許さない「決まった学習形態」でなければ「学習は成立しない」という杓子定規な考え方は教育を貧しくするものではないかと考えます。もっと自由で創造的な学びの場が教室に展開されてよいのだと思います。

◇子どもの発言の受け止め方

①子どもの発言や思いを丁寧に受け止める

様々な人たちの授業を見せていただくと学ぶことがたくさんありますが、その中に、教師が学びの背後に退いて、子ども同士が積極的に互いを指名しながら発言しあう姿をみることがあります。「これも時にはいいな」と思うこともありますが、私は、子どもたちひとり一人の発言を教師である私が丁寧に深く受け止めたいと考えています。

子どもが指名しあう授業は、手を挙げた子を指名する場合もありますが、時には黙っている子に意見を求めることもあります。人間の思考は他者によって強制されるべきではないと私は考えています。また、積極的競争的発言が行われているとき、そうした時間の流れには乗れない、ゆっくりと自分の内部で生まれてくる言葉を探しつつ考えている子もいます。こうした子どもたちも安心して聴きとられ学び合う授業であったらいいなと思います。うまくまとまらない、たどたどしい発言であっても、そこに深い意味がこめられていることもあるのです。それを教師はきちんと受け止め、子どもたちに返してあげるべきでしょう。その方が、学びは遥かに豊かになると思います。

②発言のスタイルや「話型」にこだわらない

現在、「授業スタンダード」の名で発言のし方についていくつかの約束があり、それを徹底する学校や学級も多くあります。しかし、これもできるだけ自然体がよいと考えます。無理やり型にはめようとすると、子どもたちの多くは発言の型を強く意識し、本来言いたくてたまらなかった自分の思いや発見・考えを、半分熱のさめたような形で伝えることになってしまいます。

子どもも私たち大人も、本当に何かに感動したり発見したりして、「伝えたい！」「語りたい！」と思うときは、頭の中で必死に言葉を模索し、もどかしさの中で熱い思いを何とかして伝えようとします。その姿は他者から見ればある意味不格好と言えるかもしれません。しかし、そこから生まれてくる宝物のような言葉は、聴く者の胸を激しく打つ内容となっているのではないでしょうか。そうしたときは、「話形」などどこかに飛んでいってしまっています。

③子どもの発言を大切にし教師の自然な応答を

私は、子どもが発言したとき、教師による丁寧な応答は、当然なされるべきだと考えます。不安と緊張を乗り越えて子どもは夢中で発言します。その思いをしっかりと受け止め、教室の学びの物語とつなげていく必要があります。自分の思いが受け止められた子どもはどんなにうれしいでしょう。「また発言したいな」と思うはずです。

しかし、教師の中には子どもの発言に対し「それを安易に評価したり教師の思いや感情をあまり表したりしない方がよい」と考える人もいます。私は、教師はもっと自然体でよいのではないかと考えています。ドキドキするような子どもの発言が生まれたとき「うわぁ、そうか！　そういう考え方もあったんだね」と教師の心情を率直に伝えてもよいのではないかと考えます。その方がずっと人間的です。驚きを無理して隠しながら淡々と授業を進めるぎこちなさの方が非人間的です。学びは、子どもや教師の感情や情動と深くつながり、喜びや驚きと常に連動しているのです。勿論、教師の願っていた答えだけを待ち「その通り！」と叫びながら、授業の発展をそこで閉じ完結してしまうのは問題です。

第Ⅱ部

心はずむ学びの世界

第三章　子どもの世界をあそぶ

(1) おいしいね、ホットケーキ　【一・二・三年生　読書(注1)】

一年生の春の教室です。国語の時間の終わり近く、私は一年生が使っている小さな椅子を取り出して黒板の前に置くと、座って言いました。

「みんな、ここにおいで」

真剣に学習していた子どもたちは、私を見つめ首をかしげました。

「あれ、席出ていいの…」

「ほら、ここにおいで。みんな自由に座っていいんだよ」

一冊の絵本『ぐりとぐら』（中川李枝子・作、大村百合子・絵、福音館書店、一九六七）を見せると、子どもたちの顔がパッと輝きました。

「やったあ、本を読んでくれるんだ。ぼく本大好き！」

「わたし、その本、知ってる！」

太郎君が席を飛び出し、私の前にやってきてちょこんと座りました。すると、みんなもやってきて押し合いへし合いの始まりです。

「ケンカをすると、先生が読んでくれないぞ」

耕輔君が背筋をピンと伸ばして言いました。場所の取り合いをしていた啓太君と裕子さんも、口をすぼめてにらめっこした後、仲良く肩を並べて座りました。思わず笑ってしまいます。

私は右手の指をきつねの形にして、絵本の後ろからぴょんと登場させました。

「こんにちは。ぼく、きつねのコンちゃん。遊びに来たよ」

子どもたちがキャッキャッと声をあげて笑いました。

「かわいい！」

「コンちゃんこんにちは」

「ぼくね、遠くの高尾山からやってきたの。本、大好きなんだ。ぼくも仲間に入れてよ」

「いいよ！」「おいで」

美佳さんが、手を伸ばしてコンちゃんの頭をなでました。

物語の世界の始まり始まりです。

＊ぼくにもちょうだ〜い！
私は、ゆっくりと読み進めていきました。途中に『ぐりとぐら』の歌があります。適当な節をつけて歌いました。

「♪ぼくらの　なまえは　ぐりと　ぐら／このよで　いちばん　すきなのは／おりょうりすること　たべること／ぐり　ぐら　ぐり　ぐら…」

子どもたちが笑いながら体を揺すって聞いています。

「へえ、これって歌があるんだ」

森で見つけた大きな卵を割る場面になりました。私は右手のげんこつで卵を叩く真似をし、「おお、いたい！」と顔をしかめて言いました。子どもたちも痛そうに顔を歪めました。

フライパンに大きなホットケーキが焼きあがりました。

絵本のなかの金色に輝くホットケーキを私はひとつまみして口にほおりこみました。

ムニャムニャ、クチャクチャ…。

「ああ、おいしい！」

ゴクンと唾を飲む子どもたち。

「欲しい子いる？」と私。すると太一君が大きな口を開けたので、ホットケーキの一切れをポーンと投げてあげました。

「うめえ！」

太一君の幸せそうな顔。

「先生、ちょうだい！」と一番後ろの席から背伸びしてせがむのは賢治君と綾さん。二人のかわいい口にも小さなホットケーキを投げてあげました。

「う〜ん、おいしい！」

すると、教室は大騒ぎです。みんな一斉に口を開けて「私にちょうだい」「ぼくにもちょうだい！」とおねだりです。

私は、絵本のホットケーキをつまんでは投げ、つまんでは投げ、みんなの口に入れてあげました。

「ええい、めんどうだ。さあ、お食べ！」

最後は両手でホットケーキをすくいあげ空中にほおり投げました。

「わあっ！」とみんな大きく口を開きながら大歓声をあげました。

『ぐりとぐら』の最後のページは、卵の殻の自動車に乗って二人が去っていく場面。私は絵本を片手に、黙って教室のドアに向かって進みながら、廊下に出て行きました。子どもたちはジッと私をみつめ、大きなため息をついていました。

「面白かったよ」

「先生、また本読んでね」

❋祐樹君、ズボンのすそをつかむ

今日もきつねのコンちゃんが絵本の後ろから登場しました。

「元気にしてた？　ぼく、また来たよ」

「待ってたよ。コンちゃん」

みんなもかわいい手でキツネを作って迎えてくれました。

「『三びきのやぎのがらがらどん』始まり始まり！」(注2)

私は、少ししわがれた声で絵本の題名を読みました。扉のページを開けて再び「三びきのやぎのがらがらどん」。それから、また一ページ開けて「三びきのやぎのがらがらどん」と読みました。みんながクスクス笑いました。でも澄ました顔で私は読み続けました（だって、そう書いてありますものね）。

「小さなやぎのがらがらどんが、はしをわたっていきました。かた、こと、かた、こと」

「だれだ！　おれのはしを　かたことわたるのは！」

少し大きな声でトロルの言葉を読みました。そのときです！

椅子に腰かけている私の足にしがみついている子がいました。祐樹君です。ちょっと怖くて、ドキドキしながら私のズボンの裾にくっついているんだなと思いました。

「ああ、面白かった！」

読み終わると、みんながふーっとため息をついて言いました。本を読んであげるときは、とても幸せな気がします。

○授業づくりと学びのポイント

☞絵本の読み聞かせをすると、お話を聴くことが大好きな子どもたちを育てることができます。教室に笑いや涙、共感の広場が生まれます。感想は求めることはしません。教師が心から「読んであげたいなあ」と思う絵本を取り上げることが大切です。

（注1）この授業は拙著『パニックの子、閉じこもる子達の居場所づくり』（学陽書房、二〇〇一）で紹介している。本書では、同じ実践を書き改めた。

（注2）北欧民話『三びきのやぎのがらがらどん』（マーシャ・ブラウン絵、瀬田貞二訳、福音館書店、一九六五）

(2) 氷の悪魔の子になりた～い　【一・二・三年生　体育《(注1)》】

二年生の体育の授業です。体操着に着替えた子どもたちが、静かにひとかたまりになって体育館の床に座っています。私はちょっと怖い声で言いました。

「ここは今から氷の国。なんでも凍っちゃう。先生は氷の悪魔だ。お前たちを凍らせちゃうぞ」

「イェーイ！」

「そんなの怖くないもん」

「ふ、ふ、ふ、そうかな…。後で泣き叫んでもしらないぞ…」

＊氷の悪魔の子どもになあれ

「みんなの中で氷の悪魔の子どもになりたい子はいないか」

私がそう聞くと、互いに顔を見合わせてみんな尻込みしました。ところがサッと手をあげた子がいました。快君と裕君です。

「お前たちは勇気のある子どもだ。今から、氷の悪魔の子にしてやろう」

それを聞いて「面白そうだから私やる！」と里香さんと杏子さんが手をあげました。

みんなの身体の陰に隠れて、ちょっと震えているのは佳代さんと真美さんと学君。

「悪魔の子どもは白い帽子になり、他のみんなは赤い帽子にしてください。氷鬼をするよ。先生と悪魔の子どもにタッチされたら、みんなは一瞬で凍ってしまって動けないの。でもね、一つだけ助かる方法があるよ。友だちが足の下をくぐり抜けてくれたら魔法は解けて再び生き返ることができる。全員凍らせたら氷の悪魔の勝ち、できなかったらみんなの勝ち！」

「面白そう。早くやろう」

赤い帽子をかぶった人間の子どもたちが、体育館のあちこちにパッと散らばりました。いよいよゲーム開始です。

＊風よ、嵐よ、巻き起これ！

「氷の悪魔の子どもたちよ。ここにおいで。これから誓いの言葉を言うんだ！」

「…！」

鬼になった四人は驚きながら私を見つめています。

「先生の真似をして、叫ぶんだよ」

私はサッと右手を円の真ん中に出しました。四人がかわいい手を重ねました。

「誓いの言葉！」

「誓いの言葉！」

体育館に響く大きな声—。

「いいぞ、その調子」

「俺たちは」

「俺たちは」

「氷の国の、悪魔の子ども」

「氷の国の、悪魔の子ども」

「人間どもを凍らせて」

「人間どもを凍らせて」

「コショウ少々ふりかけて」

「コショウ少々ふりかけて」

四人の子どもたちが、ククク と笑いをかみ殺しながら後に続きました。逃げているみんなもこちらを見て、耳を澄ましクスクスと笑い出しました。

「いちごミルクをたっぷりかけて」

「いちごミルクをたっぷりかけて」

「かき氷にして食っちまう」

「かき氷にして食っちまう」

「ぎゃあ！」

それから私は、四人の子どもたちと手をつなぎ円をつくりました。ぐるぐると激しく回りながら叫びました。

「風よ、嵐よ、巻き起これ！」

「風よ、嵐よ、巻き起これ！」

「人間どもを凍らせてしまうのだ！　行け！　悪魔の子どもたち！　それ」

遊びの言葉は、いつも私のアドリブです。

＊物語を遊び、逃げ惑う子どもたち

氷りの悪魔の子どもたちの渦が弾けて、快くん、杏子さん、里香さん、裕君が、飛ぶようにみんなを追いかけはじめました。体育館は悲鳴と歓声が混じりあい荒れ狂う嵐のようです。

私は、両手を大きく広げ翼のようにして、ゆうらりゆうらり空を飛ぶかのように、子どもたちを追いかけはじめました。

逃げる、逃げる、みんな！　追いつかれそうになると床に転がってしまう子もいます。

「つかまっちゃった！　誰か助けてよう！」

「来るな！　悪魔。お前なんかあっちへ行け！」

あちこちからそんな声が聞こえてきます。すばしっこい俊君、愛さん、薫君たちが、悪魔の手からするりと逃げて、見事に凍ってしまった子どもたちの股下をくぐり抜けていきます。

「助かった。ありがとう。俊君」

私は、体育館の隅っこで息を潜めるようにして隠れていた学君を見つけました。

「見つけたぞ。もう観念しろ。悪魔の手に落ちるのだ」

「誰がつかまるものか！」

学君が悲鳴を上げて逃げ始めました。しかし、私はとうとう彼を壁際においつめました。学君は小さくなって震えながら叫びました。

「きゃあ、助けてよう！」

「ふ、ふ、ふ、もうおしまいだね。うまそうな子どもだな」

すると学君が言い返しました。

「おいしくない、おいしくない。ぼく、まずいです！」

思わず大笑いしました。

しばらく遊んでいると、もうみんな息も絶え絶えです。笛を吹いて終了の合図。私がパタンと床に寝転ぶとみんなも真似して寝転びました。

「先生、楽しかったよ。もう一回やろう。ぼく氷の悪魔の子になりたいよ」

「私もなりたい」

体育の授業だけれど、身体を使ってふうふう言いながら、みんなで物語の世界を楽しみました。もう、体育館は劇場でした。

○授業づくりと学びのポイント

☞体育館を劇場にしてしまいましょう。子どもと教師が一緒になって物語の世界を、共に遊び共に生きるのです。教師が率先して、子どものように輝きながら生きる姿は、子どもの持つ隠れていたパワーを引き出し、爆発させます。勿論、安全には十分に気をつけて。

（注1）この授業も前掲書で紹介している。本書では、大幅に加筆、新たに書き起こした。

(3) 教室は踊りの広場　【一・二・三年生　音楽】

＊ワルツを踊る

リコーダーがみんな上手にふけるようになりました。四月の初め頃、指がうまく動かなくて怒り出したり、歌口から唾をポトポト落としたりしていた啓君も、見事に演奏しています。

三年生の一月、新しい曲を紹介しました。『エーデルワイス』と『雪のおどり』です。

「難しいよ。吹けるかな」

「できるよ、先生！」

わずか一時間の練習で、みんな上手に『エーデルワイス』を吹きはじめました。

「ちょっと合わせてみようか」

子どもたちの演奏にあわせて指揮をはじめました。私は楽しくて、いつのまにか踊り出していました。笑いだす子どもたち。私はちょっと悪戯心で言いました。

「ねえ、誰か先生と踊ろう」

みんな「アハハ」と笑って相手にしてくれません。ところがその時、明君がパッと手をあげました。

「うれしいね、明君。一緒に踊ろう！」

二人で向かい合い、手を取り合って教室の真ん中に立ち、みんなの演奏にあわせてワルツを踊りました。三拍子のリズム。揺れて回って、右へ、左へ…。終わると大歓声でした。

❋まるでここは雪国

一月の日曜日は朝から学校公開。子どもたちが疲れを見せる四時間目は音楽にしようと思いました。

「新しい曲は『ちびっこカウボーイ』。何か楽しい工夫はないか」。前日の夜、歌を口ずさみながら考えました。そのときひらめくものがありました。

「そうだ、カウボーイハットがあった。あれを使おう！」

明日の授業が楽しみになりました。

四時間目のチャイムが鳴りました。私のアコーディオンで子どもたちが次々と歌いました。『♪なかよしいっぱい』『♪たんぽぽ』…。のびやかな声、響きあう声、心が弾んできます。

そして、リコーダーの演奏。曲は『雪のおどり』。

「ここは雪国。静かな夜だ。外はやさしく雪が降っているの」

私は、指揮する指を微かに動かしました。みんな息を詰めるようにして、そっと曲を奏でます。追いかけあう二つのリズム。暗い夜空からシンシンと本当に雪が降ってくるようです。吹き終えると参観者の列から溜息がもれました。

「今度は、大雪や強い風に舞う吹雪もあるよ。指揮をよく見て吹いてください」

再び演奏開始。最初は静かに雪の降る夜の表現、続いて一転吹雪や嵐へ、最後は再びやさしい雪へ。

踊るように、歌うように。教室に小さな雪国の物語が生まれました。たくさんの拍手が鳴りました。

※ちびっこカウボーイ!

今度は、新しい歌への挑戦です。模造紙の巻物を開きました。そこに表れたのは、朝の教室で私がマジックで書いた「♪ちびっこカウボーイ」(音楽教科書より、坂田寛夫訳)の歌詞です。最初はCDで、続いて私のアコーディオンで歌いました。みんなが歌えるようになったところで言いました。

「ねえ、この曲を先生と一緒に踊らないかい」

「ハーイ!」

男の子たちが四、五人勢いよく手をあげました。教室に楽しい笑い声が響きました。

「じゃあ、最初は翔太君!」

みんなの拍手と歓声の中、翔太君が頰を染めて黒板の前に立ちました。少し緊張気味です。

私は、教卓の隅に隠しておいた紙袋を取り出して言いました。

「この中にいいものを持ってきたんだ」

中からカウボーイハットを取り出し、翔太君の頭にポンと乗せました。大きな帽子は彼の両目まで隠しました。爆笑です。

最初、私は帽子を自分でかぶろうと思いました。取り出した一瞬、「主人公は子どもだ!」、そう思い彼の頭にかぶせました。それが楽しい学びにつながりました。

「翔太、かっこいい」

子どもたちが言いました。

私は、ポケットからハンカチを取り出して彼の首に巻きました。ちびっこカウボーイのできあがりです。みんなで歌いました。

「♪ちびっこカウボーイがやってきた…　サボテンの花咲く西部から…」

翔太君は、いったん廊下に出て、教室のドアを開けながら入ってきました。私は片膝をつき両手をひらひらさせて彼を迎えました。それから、二人でバンジョーを弾く真似。そして手をとりあってスキップしたり回ったり…。最後に翔太君は、片手に帽子をつかみ、片手を腰にしてポーズ。みんな大喝采でした。

それから希望する子どもたちと輪を作って踊りました。楽しい時間が過ぎていきました。

❈みんなで踊りましょう！

授業の終わり近く、私は参観者の皆さんに声をかけました。

「次は、みんなで踊りましょう。子どもたちと踊ってください」

「イエーイ！」

みんな、歌って踊って遊ぶのが大好きなのです。机をパッと後ろに下げて、教室に広場をつくりました。

「かもつ列車、出発進行！」

私は、アコーディオンの伴奏を始めました。子どもたちも大人たちも、入学前の小さな弟や妹たちも、みんな両手を機関車のように動かして、あっちへこっちへと動きまわり始めました。ぶつかって「ジャンケンポン！」連結列車がどんどん長くなっていきます。教室に心つながる楽しい渦ができていきました。

○授業づくりと学びのポイント

☞音楽の授業では、たくさんの歌を歌い楽しみましょう。歌を学級の宝物にしていくのです。歌詞は模造紙に大きく書きます。黒板に貼ると、子どもの目が集中し、気持ちよく声が響き合います。

☞楽しい踊りや身体表現を生み出すためには、まず教師が心と体を拓き表現することが大切です。そして、演ずることの大好きな子どもたちに登場してもらいます。子どもはみんな、身体表現が大好きです。

☞カウボーイハットなどの小道具や衣装も持ち込むと、より楽しくなります。

⑷ 割りばしバットと銀球で野球　【五年生　算数】

五年生の算数の時間、いよいよ明日から『割合』の学習です。

「子どもたちの瞳がどうしたら輝くだろう」

自宅の机の前を行ったり来たりしながら、何か楽しい工夫はないかと私は考えていました。そのとき閃くものがありました。

「そうだ！　教室で野球をやろう。打率を競い合ったら割合の意味を理解するし絶対面白くなる！」

子どもたちの喜ぶ顔が浮かびました。明日の授業が待ち遠しくなりました。

私の頭の中に、カラーボールとプラスチックのバットが浮かびました。しかし、これだと野球の上手な子たちが後ろの壁まで打ってしまいます。

「ボールとバットを小さくすればいいんだ」

そこで選んだのがアルミホイル。丸めて小さなピンポン玉くらいの銀色の球にするのです。

「バットはどうしようかな。うん、割りばしでいいや！」

台所の引き出しを開けて、割りばしとアルミホイルを取り出しました。

❋先生、本当に野球やるの！

授業が始まってすぐ子どもたちに言いました。

「今日の算数は、野球をやろう！」

「えっ！　〝まじ〟！　先生、本当に野球やるの」

崇史君や耕輔君たちが、顔をクシャクシャにして両手を叩きました。

「どうやってやるんですか」

これは聡美さん。みんな瞳を輝かせて聞いています。

「この球をね、バットで打つんです」

私はそう言いながら銀色の球をポーンと空中にほうりました。

「おおっ！」と、どよめきが上がりました。

「ぼくやりたい。絶対やりたい」

崇史君も耕輔君も、椅子から立ち上がり身を乗り出して手を挙げました。

「大丈夫！　安心して。全員打席に立ってもらうからね」

女の子たちもくすぐったそうに笑っています。

「先生、バットはどうするの」

秀之君が真剣そのものの顔で質問してきました。

「これがバットです」

私が取り出したのは小さな割りばしが一膳。ところがみんな笑いません。文句ひとつ言わないでやる気満々です。算数の時間に野球ができるなんて思わなかったのでしょう。

※空振りと鋭い当たりに大歓声

黒板に簡単な表を書き、全員の名前を書き入れて言いました。

「約束があるんだ。一球一打席とします。打席数は人によって変わります。算数の授業だからね。みんなに賢くなってもらいたいんだ」

「うん、いいよ」

「バットに当たって銀球が前に飛んだらヒットです」

いよいよ始まりです。半円形に並んだ子どもたちの机。その前の広場が球場です。ピッチャーは私。下からそっと銀球を投げてあげます。

野球場の雰囲気を出して名前を呼びました。

「一番、バッターは聡君…」

教室に拍手が鳴りました。両手でピースをしながら聡君が笑顔いっぱいで登場しました。第一球。バットが空を切ります。爆笑です。当てるのが難しいのです。第二球。かろうじてバットに当たり、勢いのない球がコロコロと床に転がりました。

「ヒット！　やったね」と私。

「えっ、これがヒットなの」

みんな大笑い。結局聡君は、七打数三安打。その数字を黒板の表に記入しました。みんなも夢中でノートに記録しました。

次は野球チームで活躍する崇史君の登場。瞳がらんらんと輝いて自信満々です。

「オレ、ホームラン打つからね」

「頑張れ。崇史！」と、みんなの大声援。ところが、見事に空振り。照れくさそうな顔が可愛いです。しかし、さすがに次の球は「カキーン」と鋭い当たりを飛ばしてみんなを驚かせました。

崇史君は九打数六安打。耕輔君は八打数五安打。勿論、クラスみんなが打席に立ちました。楽しい時間が過ぎていきました。

＊打率トップは誰か？
問いはここから始まりました。

「表をよく見て。誰が一番よく打ったと思いますか」

一人一人の打数と安打数が異なっています。このとき割合が役立つのです。安打数を打数で割れば打率が出て友だちとの比較ができます。これは、ほとんどのみんなが知っていました。でも最初は計算しないで順位を予想してもらいました。

「一位は崇史君かなあ…」

「いや、耕輔君じゃないの！」

「和弘君の七打数四安打かもね」

「負けた！」

意見が分かれました。いよいよ計算です。教室に緊張感が漂い鉛筆の音が響きました。

耕輔君が悔しそうにつぶやきました。何と崇史君の打率は小数で〇．六六六…。耕輔君の打率は〇．六二五でした。

「やったあ、ぼくが一番だ！」

うれしそうに声をあげる崇史君。

「先生、すげぇ面白かった。明日もやろうよ」

「勿論、明日もやるさ。楽しかったね」

○授業づくりと学びのポイント

☞算数・割合の学習を、子どもたちの好きな野球と結びつけてみました。割りばしバットと銀玉を使い実際に打率を競い合うのです。遊びの世界を楽しみながら学びの世界とつなげていきました。

第四章　学びの旅のはじまりは、たんぽぽ、蝶が舞う

(1) 教室に舞う蝶　【二年生　国語(注1)】

四月、二年生の教室です。初めての授業は詩「はるをつまんで」(宮沢章二・作『詩のランドセル二ねん』らくだ出版、一九八六)。

黒板に次の文を書きました。

※(　　　)の中はなあに?

《(　　)をつまんで》

「この□のなかにどんな言葉が入るかな」

私がそう話すと直人君が勢いよく手をあげました。発言第一号です。

「鉛筆…」

「うん、面白い。鉛筆をつまんで…。先生は鉛筆が大好きです。ナイフで削って小さくなるまで

使っているんだよ」

続いて伸也君。

「ゴム」

「ゴムをつまんで…か。捩じって遊ぶことがあるね」

私は発言を聞きながら、そこから生まれる小さな物語やエピソードを想像して語りました。直人君も伸也君もうれしそうです。

二人の発言の後、緊張が解けたように「わっ」と手が挙がりました。

「地球！」

と智之君。みんな大笑い。

「君は地球をつまむのか！　スーパーマンだ！」

爆笑です。恭子さんの答えは「お菓子」。

「あなたはきっとつまみ食いが得意なんだね」

みんなが笑うと恭子さんもウフフと笑いました。

今度は修也君。

「猫のしっぽ！」

「ギャア！　猫がかわいそうだよ」とみんな。

その後は、出てくる出てくる、しっぽの嵐。

「ねずみのしっぽ」「ライオンのしっぽ」「トラのしっぽ」「恐竜のしっぽ」。

みんな発言することが楽しくてたまらないのです。たくさんの答えが飛びだしました。
《・おたまじゃくし・耳・おばけ・靴下・宇宙人・ほっぺ・いぶくろ・星・ワニ・はっぱ…》
私はそれらを一つ一つ黒板に書きながら、小さな演技も入れて紹介してあげました。
私は、上履きを脱いで靴下をつまみ、その手を鼻に持っていきながら顔をしかめ「うっ、臭い！」そんな真似をしてみせました。みんな大笑いでした。

※春をつまんで飛ばしたら…？

たくさんの発言の後、私は言いました。

「詩人の宮沢章二さんはね、『はるをつまんで』と書きました。春をつまんで…というとどんな感じがしますか」

「春を連れて来るみたいだよ」

「たんぽぽ、桜が咲くみたい」

と、賢治君や由香里さん。素敵な答えだなあと思いました。

「じゃあ、次の□の中はどうですか」

そう言って、詩の始まりの数行を書きました。

《はるを　つまんで　とばしたら／（　ア　）になりました／

もいちど　つまんで　とばしたら／（　イ　）になりました》

みんなは、うれしそうに答えました。

・春、夏、秋、冬になりました
・夏になりました
・たんぽぽわた毛になりました
・ちょうちょになりました
・チューリップになりました…
私は□の中に宮沢さんの詩から順に「しろいちょうちょ」と「きいろいちょうちょ」の言葉を書き入れました。

「西村君、凄いや蝶々当たったね！」とみんな。

「いいんだよ。いろんな考えを出すことが楽しいんだからね」と私。

※光と一緒に青空に消える蝶々
初めと同じように秘密の□をつくって詩の第二連を書きました。このとき驚くような答えが飛びだしました。

《しろい　ちょうちょは　あおぞらの／〔　ウ　〕といっしょに　きえました／きいろい　ちょうちょは〔　エ　〕に／かくれてみえなく　なりました》

真っ先に手をあげたのは淳史君。

「凧！　がいいと思う」

「素敵だね。淳史君読んでみて」

「白い蝶々は青空の風といっしょに消えました」

「う〜ん、風に舞い消える蝶か！」

太郎君が言いました。

「光！　白い蝶々は青空の光といっしょに消えました」

「真っ青な空、輝く光の中に蝶は消えていくんだ」

子どもたちが空を見上げるように顔を上げました。そのとき、結花さんが頬を染めながら言いました。

「仲間！」

聞いていた私はドキリとしました。

「結花さん、凄いなあ。読んでみて」

「白い蝶々は青空の仲間といっしょに消えました」

小さくつぶやくその声は、キラキラと光のように輝いて聞こえてきました。子どもたちって何て素敵なんだろうと思いました。

※教室に舞う蝶
詩の全文を書き写した後、みんなで声をそろえて読みました。

それから私は、小さな箱を取り出して言いました。

「箱の中に、この詩に登場するものが入っているの」

「えっ！」

「先生、もしかして…蝶？」

私は笑いながら頷きました。

「その通り、蝶を持ってきたんだ」

「……！」

小さな箱の中から一匹の黄色い蝶を取り出しました。それは、薄い桜紙を切り抜いた蝶です。下敷きで下から仰ぐと桜紙の蝶はひらひらと舞いあがりました。「わあっ！」と驚きの声をあげる子どもたち！

「この蝶、欲しい？」

「ちょうだ〜い！」

もうそれから後は大変でした。教室は白い蝶、黄色い蝶の飛び交う世界。机の上から、棚の上から、蝶が乱舞するのです。私は、この学びの風景をつくりたくて四月のスタートにこの詩を選んだのでした。豊かな学びは、きちんと机に座ってばかりいなくたっていいのです！

授業を終えようとした時、修也君がやってきて言いました。

「先生、ぼく弟にも蝶をあげたいの。一匹ちょうだい！」

「勿論、いいよ」

私はみんなに言いました。

「弟や妹に蝶をあげたい人はどうぞ」

教卓の前に笑顔いっぱいのたくさんの列ができました。

○授業づくりと学びのポイント

☞クラスの子どもたちの喜ぶ姿を想像しながら詩を選びます。この詩では、教室に舞う蝶と子どもたちの喜ぶ姿がイメージされました。自宅で黄色と白の蝶を桜紙から型紙を使って切り抜いていきました。

☞授業開きには、無理なく、楽しく、みんなが参加して不思議だなと思ったり、ワッと歓声があがったりする教材を選びましょう。

（注1）この授業は拙著『希望を生みだす教室』（旬報社、二〇〇八）で紹介している。本書では新たに書き下ろし、大幅に加筆した。

(2) みんな詩人になれるよ！　【六年生　国語】

❈秘密の箱の中身はなあに？

四月、六年生の担任になりました。教室から飛び出したり決まりを破ったりして、注意する先生を睨みつけ、暴言を吐く子どもたちが幾人もいました。

「このクラスをぼくが担任するのか。ちょっと心が重いな。大丈夫だろうか」

始業式の翌日です。「子どもたちと授業で心をつなげたい」と思い、川崎洋さんの詩『たんぽぽ』を用意しました。

学校に行く途中、路地裏の片隅にたんぽぽが咲いていました。綿毛もあります。私はそれを摘み取り教室の小さな箱の中にしまいました。

六年生になって初めての授業。みんなちょっと緊張して席に着いています。私は、綿毛の入った小さな箱を取り出して子どもたちに尋ねました。

「この箱の中に何が入っていると思う?」

シンと静まる教室。その時です。小さく鋭い声があがりました。

「空気!」

雄介君です。みんなびっくりして私の顔を見つめました。「ふざけるな!」と私が叱りつけるのではないかと思ったのです。私は雄介君のところまで歩いて行って握手をしながら言いました。

「君がこのクラスの発言第一号だ。うれしいね」

雄介君は得意そうに両手でピース。みんな笑顔になりました。

それから後は、子どもたちの自由な質問や発言が続きました。

「それは固いものですか」

「いい質問です。柔らかなものです」

「スライム？」

「うん、スライムではないけれど、ちょっとだけ貼りつく…」

一人一人の発言に耳を傾け、私は丁寧に答えていきました。

「色は何色ですか」「食べられますか」

「春の始まりにこれを食べる人もいます。天ぷらにしてね」

「えっ！」

「片手に乗りますか」

「片手に乗ってとても軽いです」

「つくし？」

「菜の花？」

「惜しい！」

「雑草ですか」

「はい、そうです」

「わかった。たんぽぽだ！」

小さな箱の中からたんぽぽの綿毛を取り出しました。「ホーッ」という子どもたちの溜息―。

私はピンセットを取り出して、綿毛の一本一本をそっとつまみ、子どもたちの手のひらに乗せていきました。驚きました。悪態をつき荒れる子どもたちが、誰一人綿毛を払いのけたり吹き飛ばしたりしないのです。手のひらにそっと包むように乗せています。「何て愛おしく、やさしい子どもたちなのだろう」と思いました。

※みんな、詩人になれるよ！

黒板に川崎洋さんの詩を書きました。

たんぽぽ　川崎洋

たんぽぽが
たくさん飛んでいく
ひとつひとつ
みんな〔　　　〕があるんだ(注1)

ここまで書き進めてから、子どもたちに質問しました。

「この四角の中にどんな言葉が入ると思う(注2)」

「個性！」

真っ先に答えたのは幸秀君です。彼の発言に心が震えました。

「ねえ、幸秀君。その言葉を入れて読んでみてくれないか」

彼は、ちょっと照れながらつぶやくように読みました。

「たんぽぽが／たくさん飛んでいく／ひとつひとつ／みんな個性があるんだ」

「すごーい！　幸秀」

子どもたちの歓声。瞳が輝いています。それから次々と素敵な言葉が生まれていきました。
・いのち　・はね　・つぶやき　・しごと　・力　…
どの言葉からも素敵な詩の世界が生まれてきます。私は、思わず子どもたちに言いました。

「みんな、詩人になれるよ！」

※詩を本当に深く学んだのは子どもたちだった
「たんぽぽ」の詩の学習を続けました。

「おーい　たぽんぽ／おーい　ぽぽんた／おーい　ぽんたぽ／おーい　ぽたぽん／川に落ちるな」

呼びかける言葉をみんなで考えあい、笑い合いながら発見していきました。

「友だちに呼びかけているんだ」

「ずっと前から友だちみたい」

授業を終えるチャイムが鳴りました。

「やった！　この子たちと授業ができた！」

私は拳を握りしめ、心の中でつぶやきました。それから私は、残りのたんぽぽの綿毛を何気なく手に取り、ゴミ箱に向かいました。子どもたちは席も立たず私をずっと見つめています。

「ハッ」と気づきました。

「そうだ。たんぽぽの綿毛の一つ一つに個性や命や名前があるって今学び合ったばかりではないか」

私は窓を開け、たんぽぽの綿毛を「フーッ」と勢いよく空に飛ばしました。子どもたちはそれを見てコクンと頷き、やさしい笑顔を見せてくれました。川崎洋さんの詩を深く心に受け止め、本当に学んだのは子どもたちだったのです。(注3)

○授業づくりと学びのポイント

☞「荒れ」ているように見える六年生であっても、子どもを信じ、心の奥底の琴線に触れるような詩を選んでみましょう。短くて、やさしくて、しかも一瞬で子どもたちの気持ちをとらえるような詩を探してみましょう。

☞たんぽぽの綿毛を箱に入れ、子どもたちの質問で中身を推理するのは楽しい活動です。私はこれを『二〇の扉』と呼んで、この質問回数のうちに答えを見つけたら子どもたちの勝ち、見つけられなかったら私の勝ちにしています。

(注1) 川崎洋『声で読む日本の詩歌一六六　おーいぽぽんた』(福音館書店、二〇〇一)
(注2) 川崎洋さんの詩の中の言葉は「名前」
(注3) この私の「たんぽぽ」の授業は、『なぜ小学生が〝荒れるのか〟』(今泉博・山﨑隆夫共著、太郎次郎社、一九九八)で紹介。児童文学者後藤竜二氏が『一二歳たちの伝説』(新日本出版社、二〇〇〇)の第一巻で取り上げている。

⑶ 夏の思い出と新しい出発　【五年生　国語】

九月。長い休みを終えて学校にやってくる子どもたち。友だちと出会えるのはうれしい。でも心の中には、あの夏の楽しい時間がまだ忘れがたく流れています。そんな五年生に、私は「忘れもの」（高田敏子・作『子どもといっしょに読みたい詩』〈あゆみ出版、一九九二〉という詩をプレゼントしました。五つの秘密の言葉を入れて。

《　A（題名は？）　》　高田敏子

〔　B　〕にのって
夏休みはいってしまった
「サヨナラ」のかわりに
素晴らしい〔　C　〕をふりまいて

けさ　空はまっさお
木々の葉の一枚一枚が
あたらしい光とあいさつをかわしている

だが　キミ！　夏休みよ
もう一度　もどってこないかな
忘れものをとりにさ

迷い子のセミ
さびしそうな〔　D　〕
それから　ぼくの耳に
くっついて離れない〔　E　〕の音(注1)

＊さびしそうな海水パンツ！
窓の外はギラギラと太陽が照りつけています。でも子どもたちは授業に夢中です。題名を考えるのは後にして、最初にBにあてはまる言葉を考えました。
「学校の風にのって、夏休みはいってしまった」（加奈）
「秋の風かな…」（明）
子どもたちの予想するたくさんの発言が続いた後私は言いました。
「高田さんの言葉は『入道雲』です」
「おおっ！」
みんな驚きの声をあげました。

続いてCの言葉について考えました。再び発言がいっぱい。
・秋　・思い出　・はっぱ　・季節　・夕焼け・　朝　・愛情…
「高田さんの言葉はね、『夕立』なんだ」と私。

「ああ、いいなあ」と子どもたち。瞳がキラキラと光ります。


詩を読み進め、四連の『さびしそうな〔D〕』を考えました。

「夏の思い出！　かな」と摩耶さん。

「先生、それは物体なの？」裕之君が質問してきました。

「そうですよ」と私。

子どもたちが頭をひねって考えました。
・声　・セミたち　・鳴き声　・夏の虫　・草花…
なかなかピタリとする答えがみつかりません。

そこで私はヒントを出しました。

「ハハハ。本当に夏に使ったものです」

「あっ、洋服だ！」と、貴博君が叫びました。

「いいぞ」

「わかった。海水パンツだ！」

叫んだのは恭輔君です。みんな爆笑です。私は黒板に海水パンツの絵を描いて言いました。

「さびしそうな恭輔君の海水パンツ！」

教室中、大笑いです。子どもたちはさらに考えました。
・絵日記　・自由研究　・ワンピース　・Tシャツ…
「先生が、夏のプールで使っていたものだよ」

「…！？」

佑介君がバタンと音を立て、うれしそうに椅子から立ち上がって言いました。

「わかったよ。麦わら帽子だ！」

「そう！『さびしそうな麦わら帽子』」

「いいねえ！」と子どもたち。


それから「くっついて離れない波の音」や詩の題名『忘れもの』を予想して、みんなで詩を読み一日目の授業を終えました。

❋希望と新しい出会いみたいだな
次の日も詩の学習を続けました。みんなやる気満々です。子どもたちの心の世界とこの詩が一つになって生き生きと脈打ちはじめたのです。
「毎年、この入道雲と一緒に夏休みは行っちゃうんだ」
最初に発言したのは聡君です。どこか聡君の夏への思いとつながっています。

「入道雲って確か、積…」、良君がもどかしそうに言葉を探しています。

「積乱雲だよ」と、彰宏君が答えました。

この言葉を聞いた瞬間、教室のみんなが思いを語りました。

「わあっ、雲が乱れて積み重なるのか。凄ーい」

「夏の思い出が雲に乗っていく。最後は思い出だけが残るの…」と愛奈さん。

「夏休みに行ってほしくない気持ちがあるね」と和弘君。

「その夏は楽しかったんだよ」

修平君も自分の夏を思い出すみたいに発言しました。

「『サヨナラのかわりに素晴らしい夕立をふりまいて』でしょ。ぼくには、この夕立が少し迷惑だなあ」

克弘君の、あまりにも実感のこもった言葉にみんな大笑いしました。

「でも『素晴らしい夕立』って書いてあるから、何か悪いことじゃないみたいだね」

これは直子さんです。

子どもたちの深い感情とつながりあう発言がつづきました。私は心の中で「この詩をみんなで読み合って本当によかったなあ」と思いました。


そして、また学びを続けました。

「二連を読んでみようか」

「木々の葉の一枚一枚がって書いてあるでしょ。一枚一枚大切にしている感じがするね」と、裕之君。愛奈さんが裕之君の発言に刺激されて言いました。

「一人ひとりが新しい光になって新学期が始まるみたい」

すると、いつもジッとみんなの発言を聞いている麗さんがパッと手をあげて頬を染めながらいいました。

「希望と新しい出会いみたい！」

「麗ちゃん、すご〜い！」

子どもたちが驚きの声をあげました。

❋セミの子を置いてくのは酷いよ

詩の学習は私の予想を超えてとうとう三日目に入りました。三連と四連を読みました。

「『忘れものをとりにさ』って書いてあるところで、ぼくは思ったんだ。夏がすごく楽しかったから終わってほしくないんだよ」

発言する和弘君の顔は真剣そのものです。

「まだ忘れ物がちょっとその辺りにあるみたいです」

昨日に続く麗さんの勇気ある発言です。詩のイメージがパッと辺りに広がりました。

「ぼくらの教室にも、まだ夏の忘れ物が残っているみたいだね」と私も言いました。

子どもたちの発言は、さらに続きました。

「もう一回夏休みが来てくれたら、できなかったことをやりとげる…。そんな気持ちなんです」

春香さんが言いました。

「迷い子のセミって、夏休みがセミを置いて行ってしまったみたいです！」

びっくりするような有紗さんの言葉。ふだんは静かに学び続ける有紗さんです。みんなが「おおっ！」と驚きの声をあげました。智樹君がこの言葉を聞いてパッと手を挙げました。

「ぼくは、子どもを忘れて行くなんて、この夏は酷いなあと思ったよ！」

顔を赤くし真剣そのもので発言する智樹君の言い方にみんな大笑いしました。

「麦わら帽子は使われなくなって寂しいんだ」

「来年の夏まで出番を待ち続けるんだね」

「麦わら帽子の気持ちだけど『もう一回使ってよ』って思ってるんじゃないかなあ」

「『ぼくの耳に／くっついて離れない波の音』ってね、一番の思い出は海なんだよ」

啓太君が、この詩の中から大切な宝物を発見したみたいに言いました。友だちに対してだけでなく、自分に語りかけるように…。

「きっと毎日、波の音を聞いていたんだろうな」

「今は寂しい波の音に聞こえてくるの…」

授業の終わりが近づいていました。最後に、真紀さんと翔子さんの二人が発言しました。詩の余韻を味わうような言葉が教室をやさしく包んでくれました。

こうして子どもたちは、詩から生まれるイメージを夢中で語りながら、仲間の声と大切な夏の思い出を重ね、二学期に向かって新たなスタートを切っていくのでした。

○授業づくりと学びのポイント

☞九月。始まりの最初の授業です。子どもたちの夏の思い出と二学期の出発とをつなげて、気持ちを整理し、意欲的に学び合う教室を創り出していくためにこの詩を取り上げてみました。

☞学び合う力を持ち始めた子どもたちには、︵　︶の中の言葉を考え合うだけの授業を超えて、さらに深くイメージを豊かに語り合い、新たな感動を得ていく学びを用意する必要があります。

（注1）詩「忘れもの」高田敏子作。詩の︵　︶に入る言葉は、順に　A、忘れもの　B、入道雲　C、夕立　D、麦わら帽子　E、波

第五章　基礎・基本――やさしく、ふかく、おもしろく

(1) ここに先生が一人います！　【一年生　算数】

一年生の四月です。算数の時間、子どもたちはみんな黒板を見つめてとびきりいい姿勢です。机の上には横書きの大きなマス目の「さんすうノート」。それから教科書、下敷き、筆箱…。どれも仲良く積み重なり、春の光を受けて輝いています。

※みんなで1を見つけよう

私は黒板に『1』と大きく書いて言いました。

「何と読むか知っている?」

「知ってるさあ。1《いち》だよ」

みんなが笑いながら言いました。

「今日は1の勉強です」

「かんた～ん！」

「ぼく書けるよ」

先ほどまでの緊張がウソみたいにみんな安心の笑顔です。

「じゃあ難しい質問だよ。先生みたいに1を見つけるんだ。できるかな」

「……！」

「おやっ、何をするのかな」

首をかしげて私をみんなが見つめます。私はポケットからハンカチを一枚出して、手のひらに乗せて言いました。

「ここにハンカチが一枚あります」

みんながコクンと頷きます。

「ハンカチで1を見つけました。きみたちだったら、どんな1を見つけられるかな？」

ちょっとみんな不安そうです。机の周りをキョロキョロと見つめ始めました。発見第一号は、祐樹君でした。

「先生、ぼく見つけました。国語の本が一冊あります！」

私は祐樹君のそばに行って、彼の右手を高く上げました。

「よく見つけたね。机の中から国語の教科書を一冊みつけたんだ。ここに1が隠れていたんだ！祐樹君に拍手！」

「なんだ、そんなことか。だったらぼくにもできる」

子どもたちが急に勢いづきました。

＊机が一つ、脳みそが一つ！

発言が次々と生まれました。教卓の前で発表してもらいました。その度に拍手です。

「ティッシュが一つあります」

「ハサミが一つあります」

「折り紙が一枚あります」

「下敷きが一枚あります」

「ぼくの机が一つあります」

「私のバッチは一つです」

胸のバッチを見せて得意そうに発表するのは飛鳥さん。

そんなとき私は言いました。

「身体の中に1はあるかなあ」

すると、出てくる、出てくる。

「ぼくの口が一つあります」

「私の鼻が一つあります」

「ぼくの舌べろが一つ」

舌をべろべろさせて慎平君が言いました。みんな大笑いです。

「おへそが一つ」

「心臓が一つ」

なんだか、だんだん凄くなってきました。

「ぼくの心が一つ」

「のどちんこが一つ」（ドキリ！）

「脳みそが一つ」

子どもって凄いなあと思いました。

＊先生が一人います！
子どもたちの眼差しは、身の周りから教室全体へと広がっていきました。

「黒板が一つ」

「ドアが一つ」

「テレビが一台」

「窓が一つ」

「水槽も一個あるよ！」

瑛太君が、席を飛びだして後ろの棚から水槽を持ち出し、胸に抱えて登場しました。

こうして隠された1の発見を続けていた時でした。

雄太君がトコトコと歩きながら私に近づいてきて「屈んで！」と言います。私は、何ごとだろうと膝を曲げ、雄太君の口元に耳を近づけました。雄太君は、両手をそっと重ねて私の耳元で内緒話をしてくれました。

「ここに『先生が一人います』って言っていいですか」

「……！」

何て素敵な発見だろうと私は思いました。

胸がドキンとしました。1は、身の周りから教室全体に広がり、とうとう人間へまで向かっていったのです。

雄太君が椅子に乗って背伸びしながら私を指さして言いました。

「ここに山﨑先生が一人います！」

ワァーと教室に歓声があがり、みんなが笑いました。

私は、すぐ雄太君を胸に抱き上げ

「ここに雄太君が一人います！」

と言いました。

抱っこされた雄太君のうれしそうな顔といったらありません。再び教室は、歓声と笑いでいっぱいになりました。数字の1を、ただ学んでいるだけなのに、そこに子どもたちの生活と感情があふれ出し、私はとても幸せな気持ちになりました。

❋世界に一人だけの〝ぼく〟〝わたし〟

1をたくさん見つけた後、私は子どもたちに言いました。

「ノートを開いてごらん」

みんなうれしそうに、ぴかぴかの「さんすうノート」を開きました。それから、鉛筆を一本筆箱から取り出すと、ぴんと背筋をのばして私を見つめました。

「そこにね、世界にたった一人の〝ぼく〟〝わたし〟の絵を描きます！」

「えっ！」

みんなびっくりです。一年生に入学して初めて使う「さんすうノート」に、絵を描くというのですから！　私は黒板に大きく拡大した「さんすうノート」を書いて、その真ん中に女の子の顔の絵を描きました。そして言いました。

「こうして自分の顔が描けたらね、一番大切にしている宝物を描いてください」

これを聞いて喜ぶ子どもたち！　みんな夢中で「世界に一人だけの〝ぼく〟〝わたし〟」の絵を描きました。子どもたちの机の間を回って行って、ノートを見せてもらいながらみんなの宝物の話を聴いていきました。

「ぼくさあ、ゲームが宝物なんだ！　それを描いていい？」

「勿論、いいさ」

「私ね、お祖母ちゃんに買ってもらったランドセルが宝物なの！」

「ふうん、そうなんだ。素敵だね」

「ぼく、このあいだ妹が生まれたの！　宝物だよ」

子どもたちの絵が出来上がったところで私は言いました。

「じゃあね、自分の顔の絵の周りの四角のマスに、宝物の1を書いていきましょう。丁寧に、しっかりと、美しく書いてね」

一年生のみんなは、それからシンとしながら真剣になって数字の1を書いていきました。快い緊張感が教室に漂いました。**（図1）**

そして、みんなが「ふうっ」と溜息をつきながらノートを書き終えたとき、私は白いチョークを取り出して、黒板に大きな円を描きました。

「これはね、地球なの。ぼくたちの生きている地球だね」

「うん…」

「ところで地球は、いくつ？」

「一つ」

「一個だよ」

「そうだね。地球は一つ。その地球に『世界に一人だけの〝ぼく〟〝わたし〟』が乗っかっているんだ」

そう言いながら私は、黒板の地球の上に子どもたちひとり一人を描きこんでいきました。

「わあ、いっぱいだね！」

「先生も描いてよ」

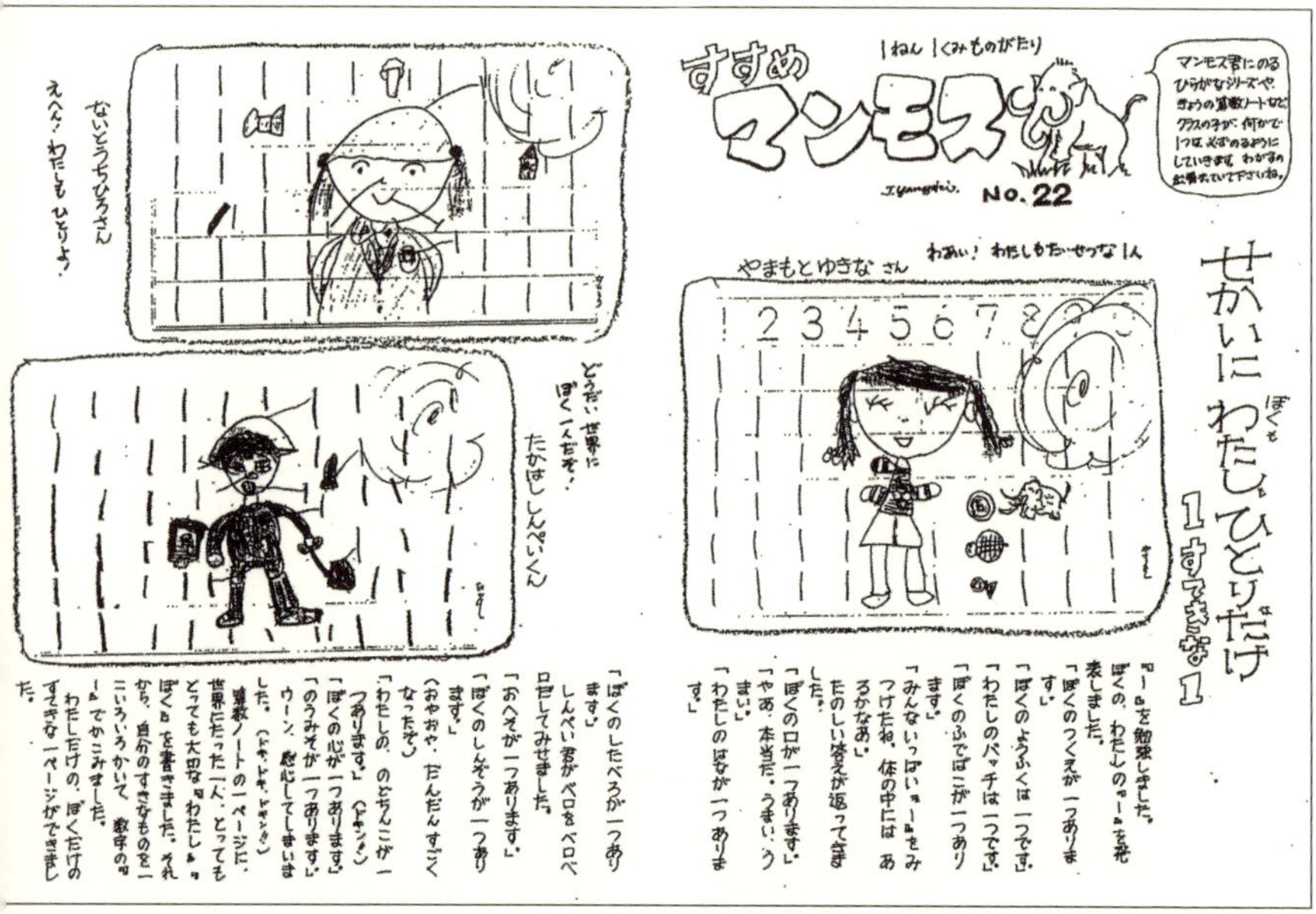

（図1）子どもたちの「さんすうノート」

「うれしいなあ。先生もみんなの仲間だね」

そして、授業の終わりに言いました。

「地球は一つ。でもその地球にぼくたちやたくさんの人間たちが乗っているんだね」

数字の「1」は、そのままだったら無機質で抽象的な「1」です。でもその「1」の中に、たくさんの秘密が隠されていることを伝えてみました。

「先生、ぼくさ、その絵を描きたい。ノートに描いていいでしょう」

「もちろん、いいですよ！」

○授業づくりと学びのポイント

☞一年生の算数の授業です。「1」の学習もこうして楽しく深く学ぶことが出来ます。教師がハンカチを一枚取りだしたところから子どもの学びが発展しました。子どもたちは夢中になり「1」を探して席を飛び出していきました。「学びの探検隊」の誕生です。

☞「姿勢をよくしなさい」と注意しなくても、意欲に満ち、学びに集中した子どもたちはよい姿勢でノートを書きはじめます。

(2) 先生、絵を描いて！ ―漢字を楽しく学ぶ 【三年生 国語】

❈地球より大きくてビー玉より小さいときもあるよ

三年生の国語の時間が始まりました。漢字の学習です。子どもたちが言いました。

「先生、絵を描いて！」

私は笑いながら黒板の真ん中に山なりの折れ線を二本重ねて書きました。（注1）（図1）

「言いたいです！」

書き終えた瞬間、子どもたちが一斉に手を挙げました。

「まゆ毛だと思います」

「針金かなあ」

「先生、質問です。それは家にありますか」

「どこの家にもありますよ」

「えーっ！」

子どもたちが身を乗り出しました。みんな、不思議を問うのが大好きです。

「ただし…」と私は言いました。

「目には見えないものです！」

「……！」

「息じゃないかな」

「心かな？」

「とっても近いよ」

「大きさはどれくらいですか」

すてきな質問です。心が躍りました。少し考えて答えました。

「うーん、地球よりも大きいときもあるし、ビー玉よりも小さなときもあるね」

「何だろう!?」

顔を寄せ合って、みんな考えます。そのとき、瑠佳さんが言いました。

「それは、食べられますか」

ドキリとしました。これもすてきな質問です。

「これはね、食べることはできないんだ。でも誰の心の中にもあって、それを思い出すと心がキュンとするんだよ」

「わかった──！」「は──い！」

「それは、…過去です！」

見事な推理です。

私は、黒板の絵に折れ線をいくつも書き加え一番下に〝日〟と書きました。（図2）

「この絵を見て下さい。過去がいくつも重なっていくの。ずっとずっと前の日々のこと」

「わかった！　〝昔〟だ」

「その通り！　幾日も幾日も積み重なる遠い昔の思い出。だからこの字ができたのです」

※一番昔の思い出はなあに？

「昔」という漢字の成り立ちを学んだ後、みんなの生活体験や心に浮かぶ世界と文字の意味とをつなげてあげようと思いました。

「先生は小さなとき、トイレが外にあってね、遠くにあるから夜は怖くて一人でいけなかったの。君たちの一番昔の思い出って何かなあ」

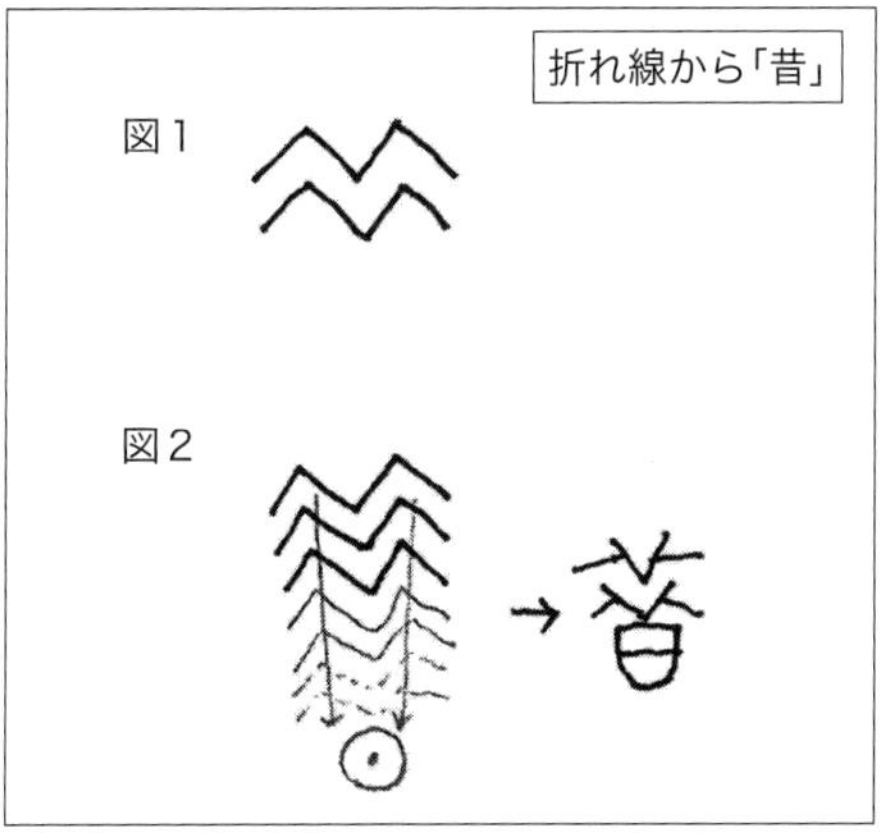

「小さい時ね、家の階段から落ちたの。怖かったよ」

「私ね、児童館でクラブがあって小さなピンクのボールで遊んでいたの」

「私二歳のとき、チューリップになりたいなって思っていたよ」

正幸君や美優さんに続いて、亜樹さんが答えました。

みんながどっと笑いました。

「ぼく、凄い高熱が出て救急車に乗ったんだ」と隆君。

※教室にローソクの火が灯る

今度は、黒板に赤いチョークで縦に一本の線を引きました。

「棒かな…」と裕君。

「一でしょう」と晴香さん。

「動くものですよ」

「わかった！　水だ」

「色をよく見て」

「血だ！」

「ギャア」

教室は笑い声でいっぱいになりました。

「怖いけど違いますよ」

「火…かな」

「その通り。この赤い線は燃える火です。ここから漢字が生まれたのです」

黒板に絵を書きました。**（図3）**

すると悠斗君がハッと気づいたように言いました。

「先生、ぼくそれ映画で見たことがある。確かハリーポッターだ。ローソクが暗い廊下に立っていて火が燃えているの」

「悠斗君凄いね。正解です」

「うわあ、悠斗、カッコいい」

私は黒板に燭台の絵を描き、ポケットを探ってローソクとマッチを取り出しました。もちろん小さな真鍮のローソク立ても。

「もしかして火を付けるの」

「ふふふ、面白いでしょ」と私。

「啓太、カーテン閉めろ。オレ電気消すから！」

伸也君が席を飛びだして、入り口の照明スイッチを切りました。辺りが薄暗くなりました。マッチを擦ると硫黄のにおいがプンとして、ローソクに赤い火が灯りました。みんな固唾を飲んで見つめています。

黒板に次の一文を書きました。

《ローソクの火は、一つのところに【　　】している》

「集中している」と明彦君が言いました。

「ずうっと同じ状態」

これは亜樹さんの発言。

「燃え続けている」と秀介君が言いました。

「いいなあ。これは炎がじっと燃えている様子を表しています。またその火を見守っている一家の主という意味もあります。それで、こんな字ができました」

（図4）

「火」から「主」が生まれる

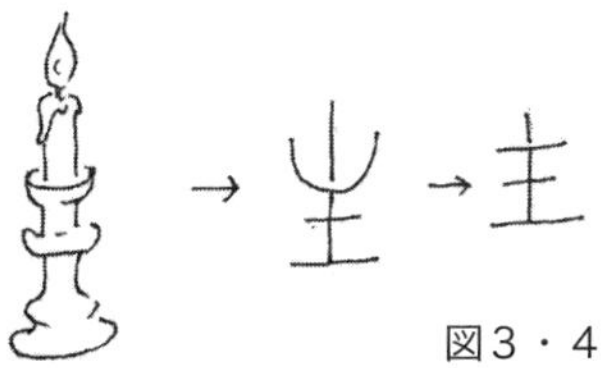

図3・4

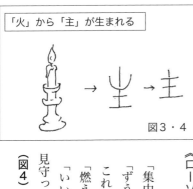

「主」に偏を入れる

図5

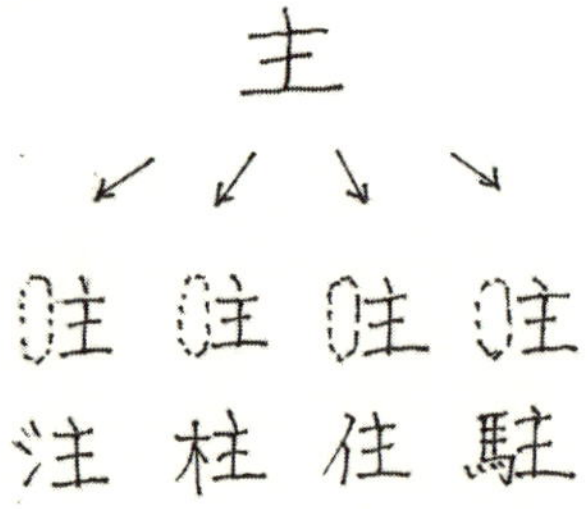

私は「主」という漢字の誕生を説明しました。みんな「ほうっ」とため息をついています。

「この漢字の横に君たちの知っている偏を入れてごらん」（図5）

すると子どもたちが言いました。

「『サンズイ』があります」

「『木へん』があります」

「『にんべん』があります」

発言を聞いて黒板に書きました。できた漢字は『注、柱、住、駐』。子どもたちと一つ一つの漢字を確認しました。

・『注』…水を一つところに注ぎ続ける。

・『柱』…一つの場所に柱は立ち続ける。

・『住』…人が一つの場所に住み続ける。

・『駐』…車（馬）が一つの場所に止まっている。

「ああ、そうかあ。漢字って面白いなあ」

「それだけじゃないよ。この漢字を音読みしてごらん」

「チュウ（注）、チュウ（柱）、ジュウ（住）、チュウ（駐）」

「わあ、みんな読み方がそっくりだ」

「そうだね。四つの漢字は、中に隠れた『主』によって読み方も意味も決まっているんだ」

○授業づくりと学びのポイント

☞各学年で教えなければならない漢字の量はとても多いです。漢字辞典を何冊か手元に置き、授業で扱う漢字の成り立ちを調べておきましょう。子どもが興味をひきそうな漢字を二、三選び、語源にそって絵を描くと子どもたちは推理・想像を楽しみます。この日の授業のように漢字とつながる具体物（ローソクやマッチ、ローソク立てなど）を持ち込むと学びはいっそう楽しくなります。

☞漢字を子どもの生活や感情とつなげて思い出や発見を語り合ってみましょう。「熟語づくり」では、子どもの間違いも大切にします。例えば「注」の字の場合―。「注射」「注意」などの他に「抽象」とか「厨房」などの熟語が発表された時、該当する漢字を紹介し漢字の世界を広げていきます。発言するほど授業は楽しくなるのです。

☞四年生以上は、個人用の漢字辞典を机に置き、いつでも自由に引いてよいことにします。辞典をひく力がグンと伸びます。子どもたちは、自分の漢字辞典を宝物のように扱います。

（注1）漢字の成り立ちは、『角川最新漢和辞典』、『新明解漢和辞典』（三省堂）、『漢字なりたち辞典』（教育社）などを参考にしている。

⑶　音を見る！　【三年生　理科】

三年生の理科の時間です。学習内容は『音』。この「音」の世界にどう迫っていくか。私は黒板に次のように書いて子どもたちに尋ねました。

《音を〔　　〕》

「この〔　　〕の中に当てはまる言葉を予想してごらん」

みんなが考えを発表しました。

「音を消す…?」「なるほど…。それもあるね」

「音を出す」「いいぞ」

「音をきる」「うん」

「音を作る」

「音を鳴らす」

子どもたちの発言を聞いた後、私は言いました。

「どれも〔　〕の中に当てはまる言葉だね。ところで今日の学習は、ここにある言葉にはない世界なんだ」

「ええっ!」

子どもたちが驚いて声をあげ、再び考えこみました。そのとき、麻耶さんの手がスッと挙がりました。

「音を…見る?」

「その通り!」

「ええっ!　先生、音なんて見えるの!?」

子どもたちが叫びました。

「それを今日、みんなで考えてみたいんだ」

※「うわぁ、超能力だ!」

「あのね、トライアングルを叩くと震えているよ」

二班のみんなが言いました。グループで相談し合って考えたのです。なかなか鋭い答えです。

「コップを逆さにして、水の中に入れて開けるとボコッと音がするよ」(五班)

「お皿とかシャボン玉が割れるとき音がするね」(六班)

みんなの考えが一通り出たところで私は言いました。

「これから音を見せてあげよう」

子どもたちが、(そんなことが本当にできるの?)と、訝しそうに私を見つめます。

そこで私は、手作りの小さな道具を教卓の下から取りだしました。名づけて『音見える発見器』。

それは、使い終えたセロハンテープの芯にトレーシングペーパーのような半透明の紙を切って片面に貼り付けたもの。この中に、切りそろえた細い針金のかけらをたくさん入れました。

それから、廊下に置いておいた大太鼓を教室に持ち込むと教室の床の中央に寝かせました。

「誰か、太鼓を叩いてくれる?」

「はあい!」

佑介君が元気よく飛び出してきました。『音見える発見器』を持つのは歩美さんです。

「いいかい。それを太鼓に触れないように近づけて、そっと持っていてね」

「じゃあ、佑介君太鼓をたたいて下さい」

固唾を飲んで見つめるみんな。

「いいかい。いくよ」

佑介君が掛け声と共にバチを振り上げ太鼓を叩きました。

「ど〜ん！」

その瞬間です。歩美さんの持っていたセロハンテープの輪から、針金のかけらがピョーンと飛び跳ねました。

「うわぁ！　超能力だ！」

子どもたちが叫びました。瞳がギラギラと輝いています。

「佑介、もう一回叩いて！」

子どもたちがせがみました。佑介君が再び太鼓を叩きました。

「ど〜ん、ど〜ん、どどどど、ど〜ん！」

すると音に合わせて針金のかけらが、まるで生きているかのように飛び跳ねました。乱舞です。

「うわぁ、すごいなあ！」

「魔法みたいだ！」

❋揺れるローソクの炎

続いて取りだしたのは一本のローソク。圭太君がそれを見た瞬間叫びました。

「竜介、カーテンを引け！　ぼくが電気を消すよ！」

教室があっというまにうす暗くなりました。今度は太鼓を縦にして、その隣に台を置き、ローソクを立てました。真君がマッチを擦って火をつけました。ローソクの炎が赤々と輝き燃えています。

「よく見ていてね」

私はローソクの火が燃えている太鼓の反対側を叩きました。

「ど～ん！」

ローソクの炎が太鼓の響きと共にゆらりと揺れました。もう一度、少し強く叩くと、今度は流れ星のように炎は尾を引いて燃えました。

「先生、もっと強く！」

子どもたちの瞳がさらに輝きました。

「よし、いいかい！」

「どん、どん、ど～ん！」

炎はパッ、パッ、パッと揺れて、それからシュッと消えました。

「アンコール、アンコール！」

もう教室中大騒ぎです。

❄音の秘密を考える

騒ぎが一段落したところで音の秘密について考えました。

「音って振動だって聞いたよ」

「でもさあ、ぼくは不思議だよ。ローソクの火は反対側にある。何で揺れたんだろう」

「薫君、それは鋭い質問だね。絵に描いて考えてみようか」

私はそう言って、黒板に太鼓の縦型の図を描き、その左側にローソクを並べて描きました。

「こうやって太鼓の右側を打つと…」

「ローソクの炎が揺れるよ…」

「どうしてだろうか」

「あっ、太鼓の皮が揺れるんだ」

「いいぞ！」

「でも、反対側の太鼓の皮がなぜ揺れるの？」

「凄いぞ。太鼓の二つの皮の間には何があるの？」

「あっ、わかった！　空気があって、その空気が揺れるんだ」

「揺れた空気が反対側の皮を揺するでしょ。それがまた隣の空気を揺すって、離れているローソクの炎を揺らすんだ！」

こうして音を生み出した空気の振動が、ローソクの炎を揺らし、それはまた炎を消す力となったことを見つけていきました。

○授業づくりと学びのポイント

☞音が振動によって生まれていることを、飛び跳ねる〝針金のかけら〟や〝ローソクの炎の揺れ〟によって伝えます。この発想は子ども向けの『理科の実験あそび』などと書かれた幾冊かの本を読みヒントを得ました。「音見える発見器」とは私が勝手につけた名前。手作りです。

☞子どもとアイデアを出し合い、ゴム管、針金、糸など、長さや太さを変えたり、両端から引く力を変えたりすることで、音の大きさや高低の変化を楽しむことができます。音の出ている物に触ると震えが伝わってきます。震えを止めれば音は消えます。音の出る玩具づくりをぜひ楽しみましょう。

(4) ちびっこたちの地図探検　【三年生　社会】

※この不思議な図形は何あに？

三年生の春の教室です。初めて学習する社会科の授業。私は静かにチョークを走らせて、不思議な図形を黒板に書きました。その図形に番号をつけて子どもたちに尋ねました。

「これは、何あに？」

「わかるよ！　今の学校でしょ」

「学校を上から見たところです」

「この辺の地域です」

「この辺の地図です」

千尋君と聖子さんと健人君と風河君が答えました。

「自分の言葉で言ったところがいいなあ」

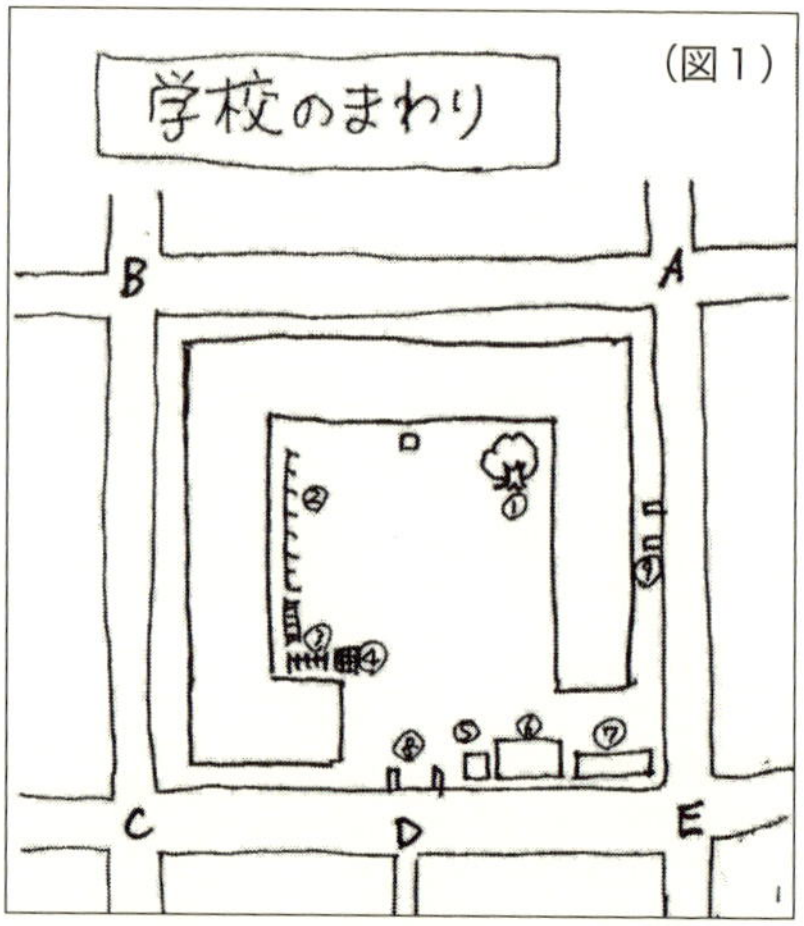

（図1）

と私は言いました。それから番号を指さして質問しました。

「この①番は何あに」

「椎の木です」

「学校の椎の木です」

「じゃあ、②番は…」

「鉄棒です」

「③は…」

「のぼり棒です」

「④は…」

「ジャングルジム！」

みんな、得意そうに答えます。『うさぎ小屋』も『野菜畑』も、コの字型の『校舎』と二つの『校門』も発見しました。子どもたちは、こんなふうにして不思議な図形（地図）の意味を読み解きました。**（図1）**

❋信号や郵便ポストはどこ？

「今日は、『学校のまわり』について考えるよ。第一問。信号はどこにあるかな」

子どもたちが次々に手をあげて、黒板の地図の上に信号の位置を書き込んでいきました。ところがみんなの意見は少しずつ違います。A～Eまでの五つの交差点をみながら「ここには信号がある」

「そこにはないよ」と討論が始まったのです。私は笑いながら言いました。

「後で、本当に学校の回りをみんなで歩いてみよう。誰の予想が当たっているかな」

続いて、第二問です。

「学校の周りに一つだけ郵便ポストがある。それがどこかわかりますか」

遥さんと里奈さんと慶介君が登場しました。三人の指摘した場所は少しずつ位置が違っています。

これが面白い。

それから「文房具屋さん」「駄菓子屋さん」の位置を予想した後、他にも目立つ建物はないか話してもらいました。

「カラオケ屋さんがあるよ！」

蓮君が、大きな声で言いました。

「本当？　そんなお店あったけ」

「あるよ。ぼく母ちゃんとこのあいだ行ったもん！」

口を尖らせて言う蓮君にみんな大笑い。

いよいよ、黒板と同じ私の手作りの地図を持って「学校のまわり探検」に出発です。校門を出てまずはA地点へ。

「あれ、信号がない！」

「郵便ポストがあった！」

「イエーイ！」

続いてB地点。信号はありません。そしてC地点へ。

「すごい、信号が七つもある！」

「本当だ。どうしてなの？」

「大発見だね。後で、みんなで考えてみよう」

その時でした。孝彦君が遠くを指さして叫びました。

「見て、カラオケ屋さんだ」

「蓮君すごい。君の推理当たっていたね」

❋みんなの考えた学校の地図記号

「地図って何あに？」

翌日の社会科の授業は、こんな質問から始めました。子どもたちは自分の考えを発表してくれました。

「『こう行けばいいよ』って、それを見ると分かるの」

「道に迷ったとき使うといいの」

「初めて行く所を見たりするの」

「何か場所が分からない時ね、それ見るんだよ」

みんな、たどたどしいけれど一生懸命答えてくれました。聴いていると楽しくなります。

「今日は、学校の場所に目印のマークを入れてみたいな。君たちだったらどんなマークを考えます

（図2）

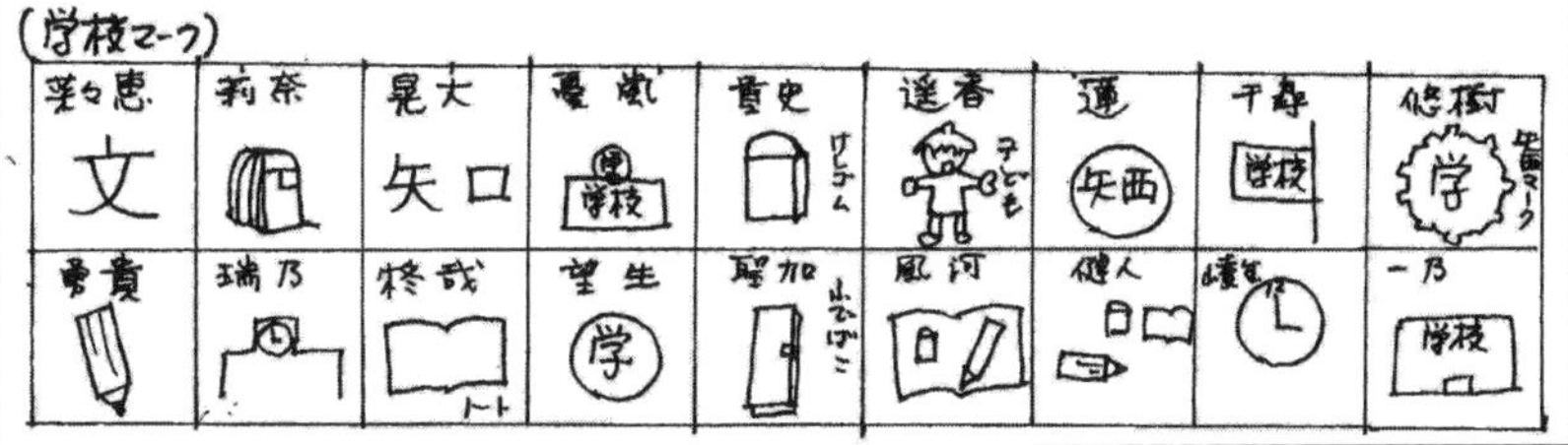

か」

　真っ先に手を挙げて登場したのは菜々恵さん。黒板に「文」の記号を書いてくれました。

「ありがとう！　これはお兄さんやお姉さんたちと、大人も使う地図記号なんです。よく知っていましたね」

「今度は、ぼくたちのクラスの『新しい学校マーク』を考えてみよう。みんなだったらどんなマークを考えるかなあ」

「ハイ！」と、元気のいい声が聞こえました。莉奈さんです。黒板の前に立ち、赤いチョークで「ランドセル」の絵を描きました。「うん、それいいね」と子どもたち。みんな納得顔です。「他にはないかな？」と私。

三人目は勇貴君。白いチョークを使って何やら尖がったものを描いています。

「わかった！　鉛筆マークだ」

「それなら学校ってわかるね」

と子どもたち。それから後は、出て来る、出て来る。アイデアいっぱい。何と一八個の「学校マーク」が黒板並びました。**（図2）**

そんなとき、高志君がつぶやきました。

「ぼくね、信号マーク考えたよ」

「えっ、どんなマーク。見せてよ」

今度はみんな信号マークに夢中です。

授業の終わりに楽しいおまけがつきました。

「ぼくさ、カラオケ屋のマークを考えたよ！」

晴翔君でした。彼の考えた記号は「♪」。「すご〜い」とみんな。航君も負けていません。

「ぼくも考えた」

それは「マイクの絵」でした。みんな大笑いです。

こんなふうにして、絵地図づくりと探検を組み合わせながら三年生の初めての社会科授業を始めていきました。

○授業づくりと学びのポイント

初めて社会科を学ぶ三年生に、面白く興味深く、どのように地図や地図記号と出会わせるかを考えました。学校を上から見おろし、校舎や遊具を簡略化して黒板に書き表してみました。

学校周辺の信号機や郵便ポストは、ふだん見慣れているようで実際の場所や数はあいまいです。地図上に予想をたてて記入し、その後、実際にその地図を持って歩くことに挑戦してみました。新たな発見もあって楽しい時間になりました。

地図記号は取り上げて説明するだけだと単調で興味がわきません。ひとつ一つ意味があるのです。子どもたちが自分たちのアイデアで「学校のマーク」を考えるところから、様々な地図記号の略された意味に関心を持つようにしてみました。

(5) 三人ともジュースが同じにならなくちゃ　【三年生　算数】

＊初めてのわり算

三年生の教室です。今日は、初めてわり算を学ぶ日。授業が始まると教卓の上に私は大きな紙袋をのせました。

「中に何が入っているか、当ててごらん」

子どもたちの瞳が輝きました。一斉に手が上がります。二〇の質問で中味を当てたら子どもたちの勝ち！

「それは重いですか、軽いですか」「色は何色ですか」「形は…」

質問が続きます。そしてついに「それは食べられますか」という鋭い質問が…。私は笑いながら答えました。

「食べられないけど飲むことはできます」

「わかった！　ジュースだ」

本物のオレンジジュースを机の上に取り出しました。全部で一リットル二デシリットル。

「今日はこのジュースを使って勉強しよう」

「もしかしたら、後で飲ませてくれるかもね…」と子どもたち。

＊三人に分けたよ

「ジュースを飲みたい子いますか」

「はーい！」教室いっぱいに響く声。雄也君と和弘君と有紀さん三人の名前を呼ぶと、みんな一斉に「いいなあ！」とため息をつきました。

教室の机をコの字型にしたその真ん中に給食の配膳台を置いて三つのコップを乗せました。三人の名前を言いながら、私は順にジュースを分けていきました。和弘君のコップにはあふれるほど、雄也君は底が少し隠れるくらい、有紀さんは数センチ。それから黒板に書きました。

《一二デシリットル（dl）のジュースを三人にわける》

私の様子を見ていた子どもたちが、口をとがらせて言いました。

「先生、それじゃ和弘君だけ多いよ」

「えっ、これじゃだめなの」

「うん！」「ダメだよ、先生」

「でも、先生は**三人にわけたよ**」

そのとたん「意見です！」と子どもたち。

「先生は分けたんだけど、多さが一人ひとり違います。それじゃあ〝ケンカ〟になります」

「その分け方だとね、〝不公平〟です」

「和弘君だけ多くて二人は少ないなんて〝へん〟です」

「先生、その分け方だと二人が〝かわいそう〟です」

「そのままだと、和弘君だけ多くて〝はんごろし〟になっちゃうよ」

幸弘君の言葉にみんな爆笑しました。

「雄也君だって〝怒っちゃう〟よ」

子どもたちの発言を聞きながら、私は再び言いました。

「先生は三人にわけました。いいでしょ」

加奈さんと愛美君がパッと手を挙げました。

「先生ダメだなあ。こんなこともわからないの」

そんな顔をしています。

「『三人にわけた』じゃダメなの！　**ちゃんと分けなくちゃ**」

「あのね、**三人ともジュースが同じになる**ように分けるの」

私は、ふたりの鋭く的確な発言にしっかりと頷きました。

＊子どもが分かるということ

授業中私は、子どもが夢中になって学んでいるとき、ふだんの何気ない生活から生まれる言葉や、心の動きとつながる率直な発言（私はこれを〝生活言語〟と呼んでいる）をとても大切なものだと思っています。自分が生きる世界と無関係と思われていた学びの世界が、心の躍動とつながり深い関わりをもって理解できるからです。

この日の授業を、私は子どもたちの素敵な発言につなげながらこんなふうにまとめました。

「きょうから勉強するわり算は、『同じになるようにわける』ってことが大切なんだね。三人で分けたとき〝けんか〟になったり、〝不公平〟になったり、〝へん〟になったり、〝かわいそう〟になったり、〝はんごろし〟になったり（再び爆笑）、〝おこっちゃう〟ようなわけかたじゃダメなんだね」

子どもたちは、わたしが語る一言一言に笑い転げながら聞いていていました。

※わり算はジュースの味で出発！

みんなでわり算の式を立てました。一二デシリットルのジュースを三人で同じ（量）になるように分ける。12dl÷3人＝4dl/人。一人分が四デシリットルであることを確認しました。そして、クラスの人数分の小さな紙コップを配膳台に乗せてジュースを配りました。

「やったあ、ジュースが飲めるぞ！」

子どもたちの手のひらに乗る小さな紙コップの中身は、わずか一センチもありません。でもみんな満足、満足です。

紙コップをみんなで高く掲げました。

「わり算はジュースの味で出発だ。わり算の勉強、みんな頑張ろうね！」

「イエーイ！」

「じゃあ、乾杯！」

「かんぱ〜い！」

こぼれるような笑顔です。

「先生、おいしいね」

「ぼく、ちょびっとずつ飲むんだ。もったいないもの」

教室にプンとジュースの甘い匂いが漂っていました。勿論、隣の学級にもジュースを使うことは話していますよ。

○授業づくりと学びのポイント
☞初めてのわり算の授業です。「同じにわける」に着目してみました。ジュースを使い意図的に分け方の違いを取り入れ、子どもたちのふだんの「生活言語」にこだわりながら、わり算の意味に迫っていきました。

⑹『長さ』を楽しく豊かに学ぶ　【二年生　算数】

［1］わあい、宝の〝ものさし〟だ！　〜長さの物語（1）〜

※サメ君とワニ君のけんか
「先生、なあに、これ？」

教室に飛び込んできた二年生の子どもたちが、驚きの声をあげました。前の黒板に大きなサメが一四、横の掲示板にはワニが一四、恐ろしい顔をしてみんを睨んでいるのです。もちろん私の描いた絵の切り抜きですけどね。

「ワニ君とサメ君がね、朝の教室にやってきて言うんだよ。『どちらが長いかケンカしているんだ』って。『背比べしたら』って言ったら、近づくとお互いに食べちゃうからダメなんだって」

「ぎゃあ！　わっはっは」

子どもたちが大笑いしました。(注1)

＊長さを何で測ろうか？
算数『長さ』の学習の始まり始まりです。グループで考えあいました。

「ものさしで測ればいいよ」

「ここは、海。ものさしはないんだ」と私。

「う〜ん、まてよ」

「わかった！　ロープを使えば…。端をそろえて長さ比べするの」

「それはいい考えだ」

「あのね、ぼくたちは鉛筆で長さがいくつ分か調べればいいと思った。印をつけていくの」

それから、みんな『いくつ分』を測るいろいろなアイデアを出しました。(注2)

《本、教科書、けしゴム、黒板消し、ハーモニカ、靴、チョーク、ナイフ、粘土板、連絡帳、数え棒、筆箱、キャップ…》

「すごいね。みんな！」

彰宏君はちょっと発想が違いました。

「あのね、サメもワニもピッタリの箱に入れるんだよ。それから箱の長さを比べればいい」

「なるほどなあ！」

今度は佑香さんが言いました。

「手のひらで何倍分あるか、みんなで数えればいい」

すると、行彦君が言いました。

「でもさ、佑香さんの手のひらと、ぼくの手のひらの長さとは違うよ」

鋭い意見です。学びが深まります。

「だったらね、同じ人がサメ君とワニ君を測ればいいの」

瑠奈さんです。とても大切な意見でみんな納得です。

それから本当に席を出てグループごとに測ってみました。

「先生、ワニの方が少し長いよ！」

二つの長さの違いがわかってみんな大喜びです。

学習の終わりに、算数日記を書きました。

【サメとワニの長さくらべをしました。じょうぎを使わないでしらべました。私たちはナイフではかりました。ワニは一九ちょっと、サメは一六ちょっと。ワニがかちました】（玲奈）

【サメとワニの長さをくらべました。こんなにいっぱいなものでワニとサメの背比べができるとは思いませんでした】（朋子）。

❋手のひらに乗る『長さのきまり』

次の日の算数の時間、私は秘密の塊の入っている小さな封筒を取り出して子どもたちに言いました。

「あのね、世界中どこに行ったって、同じ長さのきまりがあるんだ。それを今、君たちにあげよう。宝物ですよ」

みんなの瞳が輝きました。宝物を取り出して、みんなの手のひらにそっと乗せていきました。

「先生、これ『ようじ（楊枝）』でしょう！」

「ワハハ、よくわかったね。昨日の夜、みんなにあげようと思って丁寧に切ったんだよ」

「わかった！　これ、一センチでしょう」

「そうだね。この長さを1㎝と言います。世界中のきまりだね」

「わあ、息を吹きかけると飛んでっちゃう！」

それから、私は黒板に丸い地球を描き、子午線を書き入れながらフランスで長さの決まりが生まれたことを話しました。そして質問しました。

「みんなの身体の中に1㎝と同じ長さになるものないかな」

「先生、ぼくの親指の爪の縦の長さが1センチだよ！」

貴志君がうれしそうに言いました。

「ぼくの小指の関節のところがちょうど1センチ！」

「私の足の傷が1センチです」（ワハハ！）

「私の歯がちょうど1センチ」

みんな大笑いです。こうして体を通して１㎝の長さをつかんでいきました。

＊宝の〝ものさし〟作り

翌日の算数の時間、昨日の１㎝の「楊枝」を使って身近なものを測りました。それから、もっと便利に測る方法を考え「宝の〝ものさし〟作り」に挑戦しました。

白くて細長い厚紙を一人ひとりに配りました。ちょうど三〇センチのものさしができる長さ。それから縦横１㎝の方眼紙の塊を配りました。

「この方眼紙を丁寧に切り取って白の厚紙にはっていくの。まとめて貼るんじゃなくて一枚一枚心を込めてね」

気の遠くなるような作業をみんな息を殺して続けていきました。

「タイル（方眼）はピシリと切る。そうでないと長さが違ってしまうからね」

教室のあちこちから溜息がもれてきました。

そしてついに「やったあ、できた！」という声。そこで言いました。

「できあがった〝ものさし〟に、好きな絵を書き入れていいよ。世界に一つだけの自分のものさしができるからね」

子どもたちは歓声をあげて絵を描き入れました。恐竜の絵、お花の絵、電車の絵、宇宙船の絵…。

龍君が自分の〝ものさし〟を高く掲げて叫びました。

「ぼくの〝宝のものさし〟だ！」

（図1）

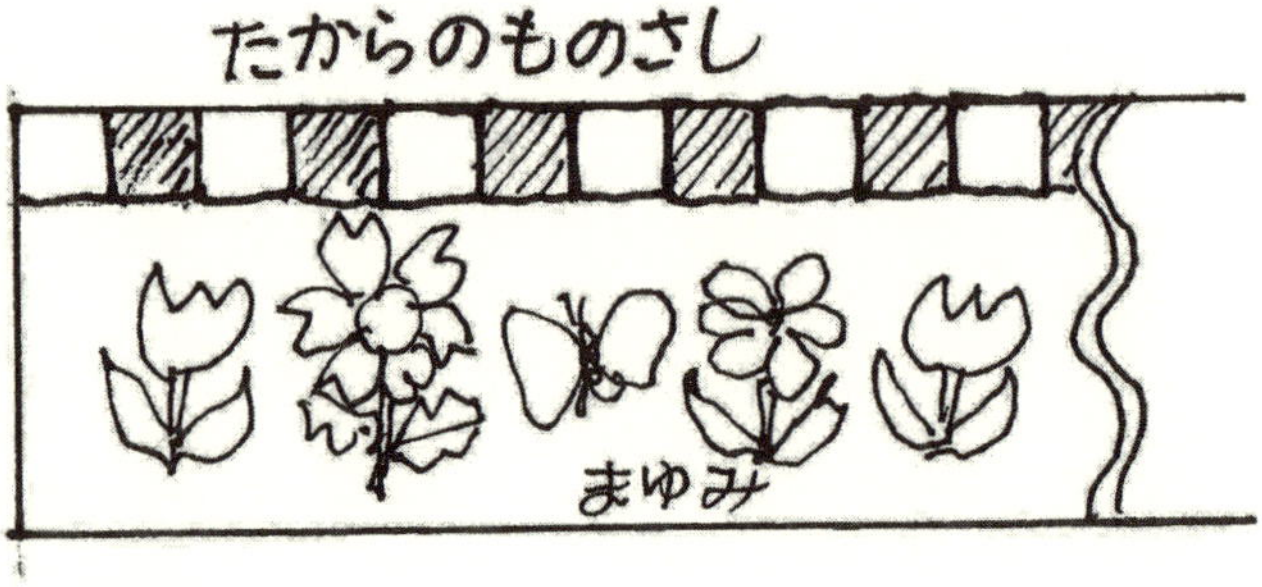

続いて菜穂さんが言いました。

「私の手は一三センチ、足は二〇センチ！」

「ぼくね、家に帰ったらお兄ちゃんとお母さんに見せあげるんだ」

これは聡君。瞳が輝いていました。（図1）

○授業づくりと学びのポイント

☞長さの授業では、最初に直接比較や間接比較を中心とする「長さ比べ」を楽しみました。その後、個別単位から普遍単位が生まれるまでを授業化していきます。

☞〝宝のものさしづくり〟は、細かな作業を必要としますが、身体を通して長さを実感し、世界に一つだけの自分用のものさしを創り出す楽しみがあります。

（注1）この授業の展開は『たのしくわかる算数二年の授業』石川充夫著、（あゆみ出版、一九八二）を参考にしている。

（注2）長さの単位が存在しない状況で、長さの違いを測ったり比べたりするにはどうするかを扱っている。

〔2〕みつばちマーヤは何センチ？　～長さの物語（2）～

＊数字の1をどこに書く？

「わあい！　やっとできた。宝のものさしだ」

裕太君が両手を空に突きだして叫びました。その手には世界に一つだけの「ぼくの〝ものさし〟」が…。大好きな電車の絵が描かれています。

「裕太、できたの？　見せてよ。…わあ、かっこいい！」

裕太君の笑顔が弾けます。そんな子どもたちに私は尋ねました。

「物差しに数字が入っていたら便利だよね。１㎝の「１」は、どこに書いたらいいだろう」

（図１）

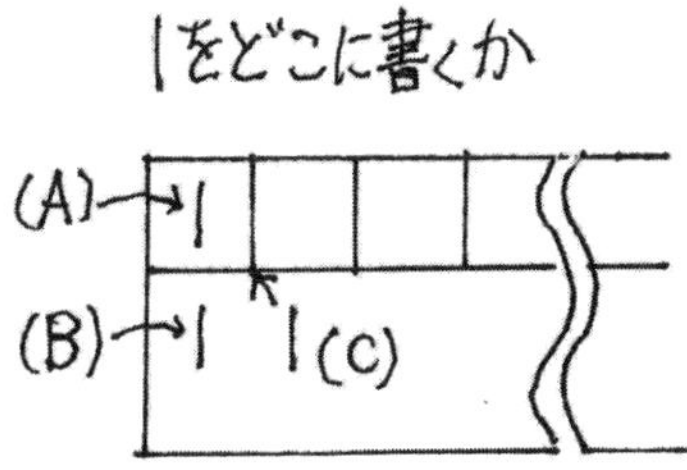

黒板に拡大した物差しの絵を描きました。手を挙げた子たち全員が数字の『1』を順に書き入れました。それが上の図です。（図1）

意見は三つに別れました。Aはタイルの真ん中、Bはタイルの下、Cは二つ目のタイルとの境目に。

「どれが正しいだろう」

三つの考えについて、みんなで意見を言い合いました。それから私は尋ねました。

「長さの始まりはどこかな？」

「それって0のことだね。だったら左の端っこだよ」

「そうそう！」

「いいね。ここが長さの始まりで０cm。するとどこまでいくと１cmなの」

「わかった！　境目だ。Ｃが正しいんだ」

こうして宝の物差しに長さの数字を書き込んでいきました。

※みつばちマーヤは何センチ？
長さの始まりや１cmの場所がわかったところで、私は四つ切の画用紙をつなぎ合わせて作った大きな物差しを出して見せました。子どもたちが笑いました。

「先生、それが１cmなの」

「ははは！　本当は一マス１０cmあるんだけど、みんなで長さの読み方を学習するから１cmと読んでください」

「わかった。いいよ」

巨大なものさしを黒板にはり、最初にチョークで鉛筆を描きました。端っこをそろえています。

「これは何cmかな？」

するとたくさん手が挙がりました。みんな５cmだと言います。正解。cmの書き方も見事です。

続いて、花と剣を描きました。「かっこいい！」と声があがります。どちらの絵も端っこを物差しの始まりとそろえて描きました。この問題は全員クリア。

「さて、第四問は難しいよ」と私。

「先生、ぼくたちを困らせようったってそうはいかないよ。大丈夫さ」

みんな自信満々です。

私は、今度は物差しの中央をつかってアリの絵を描きました。でも何だかアリに見えません。

「よし、ちょっと羽をつけよう。ジャ〜ン。うん、よくできた。どうだ、これは『みつばちマーヤ』だ！」

しかし、みんなキョトン。

「そうか『みつばちマーヤ』なんて知らないんだね。でもいいさ。この蜜蜂の長さは何センチだろう」（図2）

子どもたちは涼しい顔です。


（図2）

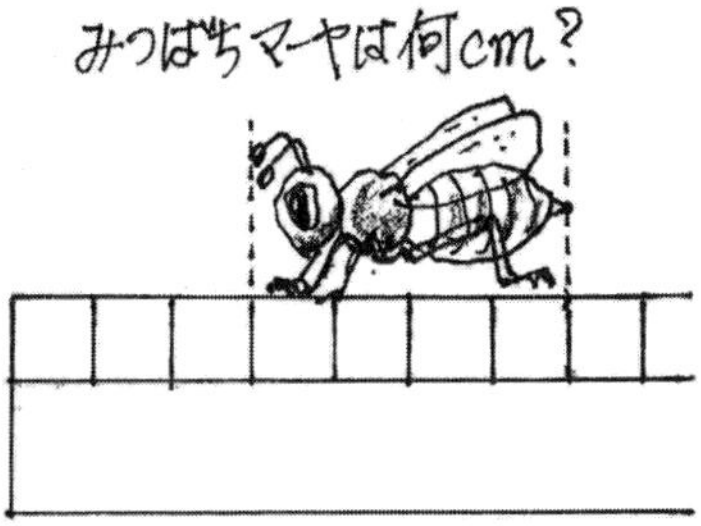

「あれれ、難しいのにな。みんなわかっているのかな」
私は内心不安でした。答えを黒板に書いてもらいました。登場する子、登場する子みんな４cmと書きました。
※「あくま君」登場！
答えが一度で全員正解なんて面白くありません。私は、私の授業に登場するキャラクターの「あくま君」（次頁カット参照）を黒板に描きました。

「ギャハハハハ！」

とみんな大喜び。

「あくま君何しに来たんだい」

「またぼくたちにやられて泣かないでね！」

私は声色を使いながら「あくま君」になって言いました。

「俺にもやらせろよ！　ふんふん、なんだ？　こんなの簡単だ。一、二、三、四、五。わかった！『みつばちマーヤ』の長さは５㎝だ！」

その瞬間です。子どもたちが

「あくま君に言いた〜い！」

と言って一斉に手をあげました。

「それはおかしいです。『あくま君』はこの線から数えはじめたでしょ。最初の線は数えちゃだめなんだ」

「あのね、『みつばちマーヤ』の頭のところは０なんです。長さはここから測るんです」

「『あくま君』が1と読んだところは、長さのスタートのところだから読んじゃダメなの」

みんな真剣そのもの。友だちが発言する度に教室に大きな拍手が鳴りました。「あくま君」に誤りを教えてあげようと必死なのです。

啓輔君がトコトコと前に出てきて言いました。

「先生、この物差しを折っていいですか」

私はコクンと頷きました。すると啓輔君は「みつばちマーヤ」の頭の部分に置かれた物差しをそこから折りたたみました。

「ほら、こうすれば、この線は０でしょ。ここは長さの始まりなんだよ。だからこれは４㎝が正解なの！」

詩織さんも言いました。

「ふつうは、物差しの端っこから測り始めるけどこれは途中から測っているでしょ。その時は測りはじめは０で数えないの！」

子どもたちの発言を聞いて私はうれしくなりました。もう一度『あくま君』に変身して、私はちょっと悲しそうな声で言いました。

「そうなのか。ぼく、わかったよ。みんなの方が正しかったね。ぼく悔しいな」

そう言って絵の中の顔に一粒二粒、涙を書き入れました。

「泣かないで『あくま君』。また来ればいいじゃないか」

みんなが優しく言ってくれました。

○授業づくりと学びのポイント

☞１㎝の「１」を〝宝のものさし〟のどこに書くか、これが意外と難しいのです。この学びを通して長さの〝始まり〟の０と〝終わり〟を意識することで長さの意味を理解していきます。

☞「悪魔くん」（子どもたちの思考を深めるために私の授業の様々な場面で登場するキャラクター）を通し

て、意図的に間違いを楽しみながら深く学び合う場面を創り出していきました。

［3］お米にも長さがあるか？　～長さの物語（3）～

二年生の算数の時間です。長さの続きです。今日は㎜を教える日。私は小さな筒を取り出して振って見せました。

「♪シャッ、シャッ、シャシャシャシャ、ザザザザザ！」

かわいいマラカスの音が響きました。

「音楽じゃないよ。この筒の中に何が入っていると思う？」

「お米でしょう！」

みんなが推理して中身を当ててしまいました。

※お米に長さはあるかないか？

筒から取り出したのは白く輝く米の粒。その一粒一粒を、そっと子どもたちの手のひらに乗せていきました。

「先生の家の宝物のお米だよ。お米に長さはあるかないか？」

「ある」「ない」…。

教室のあちこちから子どもたちのつぶやきが聞こえてきました。

「どちらだと思う。君たちの考えをノートに書いてください」

さて、討論会の始まりです。

「私は、お米に長さはないと思います。1より小っちゃいから」

結衣さんが真っ先に発言しました。

「結衣さん凄いな。手をあげて理由を言いながら自分の考えを発表してるんだもの」

これが討論のきっかけになり、後はもう次から次へと発言が続きました。

「ぼくもお米に長さはないと思います。算数ノートのマスより小さいでしょ」

と耕太君。

「ぼくは、長さはあると思う。センチでみると1㎝にはいってないけど1㎜はあるんだから」

晴翔君の反対意見。

「ぼくは長さがないと思う。1㎝ってこれだけでしょ」

身振り手振りを入れながら啓介君が発言を続けました。

「お米はそこまでいってないもの！」

私は彼の発言を黒板で説明してあげました。

「絵に描くとこういうことだね」

「私はあると思います。お米はお米だし。1㎝の半分はあります」

「ぼくはないと思う。だってお米は小っちゃくて、ものさしで測れないじゃない！」

「反対です。0㎝よりはちょっとだけ長いです！」

「定規で測るとお米の長さって中途半端だからそんなの変です。だから長さはないと思います」準君です。「どうだ、まいったか」そんな感じで彼が発言し、みんな大笑い。

＊教室のなかに大歓声があがる

準君の発言にはすぐ直君から反論が出されました。

「準君に言いたいです。お米を定規で測ると『中途半端』って言ったけど『中途半端』ってことは、少しは長さがあるってことじゃないですか」

「イェーイ！」

〝お米には長さがある〟と考える子どもたちが一斉に歓声をあげました。

「うーん、面白いね。こういう話しあいを討論会っていうんだ。ケンカじゃないよ。途中で意見を変えたっていい。考えを深めることが大切だからね」と私。

それを聞いてサッと準君が手を挙げました。今度は〝お米には長さがない〟と考えるグループから大歓声。

「凄いな。準君、発言をどうぞ」

準君は黒板の前に立ち、ものさしを指し示しながら

「1㎝の線までお米がいってないから長さはないと思います」

と改めて発言しました。すると、佑香さんが言いました。

「〝宝のものさし〟（一人ひとりの手作りのものさし）は1㎝のマスで作ったけど、竹のものさしには㎜って小さな線があります。あれで測れば長さがあるんじゃないんですか」

詩織さんも言いました。

「どんなに長くても長さだし、どんなに短くても長さだと思います。長さがないって言ったらなんにもないことになっちゃうからです！」

何だかドキドキするような発言です。私はここで一つの提案をしました。

「よし。これからそれぞれ賛成意見の人たちで集まって一人の代表が発言してそれで決着をつけよう。どうですか」

「いいで〜す！」

子どもたちがあっと言う間に教室の床に丸くなって座り込みました。ヒソヒソ、コソコソ。

「そうだ、そうだ！」

秘密の輪から笑い声や歓声があがりました。

「先生、代表ね、二人にしてよ。お願いだから」

どちらのグループも必死です。私は笑いながら「いいよ」と言いました。
※「先生、いま教えて！　休み時間なんていらないよ」
二名の代表の発言は、これまでの理由をさらに強調したものとなりました。ここでチャイム。

（図１）

「じゃあ、この続きは三時間目にね」

と私が言うと、子どもたちが怒りました。

「先生、いま教えて！　休み時間なんかいらないから。お願いだよ」

「えっ、休み時間、大切にしなくっちゃ」

「いいの、いいの。いま教えて！」

私は子どもたちの熱い願いに押されて、黒板の前に再び立ちました。

「1㎝より小さなものをいろいろあげてごらん」

「アリンコ」「消しゴムのかす」

「ワハハ」とみんなが大笑いしました。そして、続きました。
・石ころ　・あかむし　・ダニ　・アリの卵　・ほこり　・砂　・蒸気　・蚤
・チョークの粉　・鉛筆の折れ芯　・爪…。
私は子どもたちの発表したものを、一つ一つ絵に描いて、それらみんなを囲むようにチョークで大きな虫眼鏡を描きました。**(図1)**

「これを見てごらん。長さの違いは…？」

「うん、一つ一つ長さは違う！」

「つまり、どんな小さなものにも長さってあるんだよ」

「そうか！　長さって小っちゃくたってあるんだね」

こうして1㎝よりも小さな㎜の世界へと学びの旅を続けて行きました。

○授業づくりと学びのポイント

☞お米の一粒一粒を子どもたちの手のひらにのせ、手作りの「宝のものさし」では測れないことを実感させながら、「お米には長さがあるか、ないか」を討論していきました。子どもたちは、夢中になって討論しながら、より小さなものを測る１㎜の単位の必要性に気づいていきました。

第六章　わくわく、どきどき、話し合うって楽しいな

⑴じゃあ、二匹のセミはどうするの？　【三年生　算数】

三年生の教室です。「わり算」の授業。終わりのチャイムが鳴ったのに子どもたちは議論を止めようとしません。休憩を告げると、どっとみんなが私の周りに集まってきて言いました。

「先生、問題が間違っているんじゃないの？」
「先生のノートを見せてください！」

子どもたちの瞳が挑むように輝いています。

※え～っ、分けられないよ！

【問題】《セミが二ひきいます。三人で分けると一人分は何びきで何びきあまりますか(注1)》

私は授業が始まると、静かにチョークを持って黒板に問題を書きました。みんな「そんなの簡単だよ」という顔をして問題と取り組み始めました。

ところが、シンとしていた教室のあちらこちらからつぶやきが生れました。

「へんだよ、これ」

「えっ！　これって割れるの？」

みんな首を傾げたり辺りを見回したり、教室の空気がざわざわと揺れました。そんなとき裕子さんが言いました。

「先生、お願いです。グループで相談させてください」

「それはいい考えだね」と私。

机を寄せ合ってグループの話し合いが始まりました。耳を澄ませ、子どもたちの声を聞いていると、思わず吹き出したくなるような会話が聞こえてきました。

「セミが二匹だろ。一匹足りないよ」

「もう、こんなの塾じゃあ教えないよ」

「わかった！　一人あげなければいいんだ」

「全員にあげないでさあ、逃がしちゃえば…」

「もう一匹つかまえてくれれば分けられるね」

子どもたちの声は次第に高まり、意見が教室に飛び交います。

三班に近づくと、直哉君が不思議なしぐさをしています。鉛筆を二本並べて定規で切る真似をしています。

「先生、こうやってセミを切るの。そうしたら四つになって分けられるでしょ」

私はびっくりしました。

「セミを切ったら死んじゃうよ」

教室中、大笑いです。

「ねえ、一人帰っちゃったことにしようよ。そうしたら分けられる」

先ほどから考え続けていた圭太君の意見でした。

授業を終えるチャイムが鳴りました。

「先生、本当に答えが出るの!?」

みんな私を取り囲んで言いました。

＊セミ÷人か、人÷セミか?
休み時間を終えて、次の時間みんなで討論しました。

「式はどうなるかな?」

そう私が尋ねると、二つの意見が出ました。
(A) 3÷2＝1あまり1
(B) 2÷3＝?
「どちらが正しいんだろうね。意見をどうぞ」

すると子どもたちがパッと手をあげて言いました。

「Aが正しいと思う。Bだったら割れないもの」

「2÷3はできないからAが正しい」

次々と意見が出ます。Aの考えが優勢です。

博君が言いました。

「2÷3が正しいという人に言いたい。答えがマイナスになってしまうでしょ」

すると、圭子さんが反論しました。

「私はBの考えに賛成です。3÷2だったら、セミが三匹いて、人が二人で分けることになります」

この発言を聞いて、みんなの顔が変わりました。

「あっ、なるほど！」

あちこちから、圭子さんに賛同するつぶやきが聞こえます。

すると、雄介君が反論しました。

「3÷2だって、1あまり1という答えがちゃんと出ています」

今度は博君が、先ほどまでの自分の意見を変えて雄介君に反論しました。

「その考えに反対です。セミは二匹しかいないんです。それなのに一人分が一匹っておかしいです」

みんなの考えが変わりはじめました。明美さんが立ちあがると、式と問題の関係を説明しました。

「あのね。問題を読んでみると式はセミ÷人でなくてはいけない。だからBの考えが正しいと思います」

「Aの考えだと、セミが三匹いることになってしまいます」

光伸君がつけたしました。

次第に、子どもたちの考えがまとまってきました。

そこで私は言いました。

「じゃあ、ここで式を確認しましょう。セミを人の数で分けるのが正しいことがわかったね。すると式は？」

「2÷3です！」

と、子どもたち。

※わり算は0を立てることもあるんだ

みんなで答えについて話し合いました。

博君が最初に発言しました。

「2÷3の答えは0になるんじゃないかなあ」

すると、正哉君や知彦君が首を傾げながら言いました。

「でもね、答えが0だとすると二匹のセミがそのままいるよ」

それを聞いて友里さんが発言しました。

「0の答えって、私、正しいと思う。あまりは2で、割る数の3より小さいもの」

驚きました。これまでの学習を思いだし、割る数とあまりの数の関係をもとに、新たな問題を解く鍵にしているのです。

このとき、史朗君がトコトコと黒板の前にやってきて、「ぼくね、発見したよ」と言いながら、驚くような答えを書きました。

２÷３＝１あまり（-1）（図1）

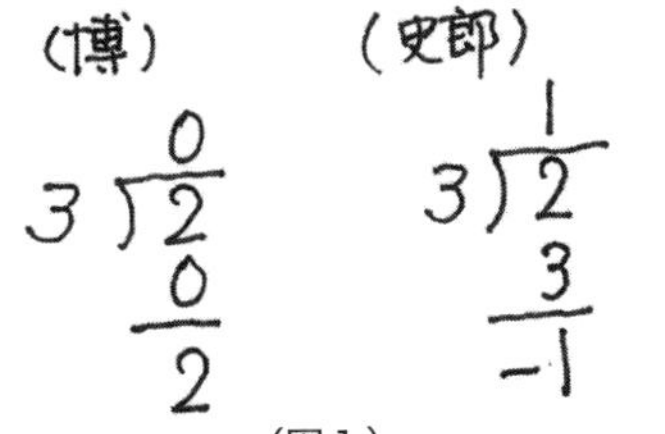

（図１）

私は、驚いて史朗君に問いかけました。

「史朗君、これってどういう意味なの？」

「あのね、一人に一匹ずつとりあえずセミを分けるの。だけど一匹足りないでしょ。だから（-1）なの。後で、もう一匹とってくればいいよ」

「……！」

史朗君を見つめたまま、私は感動していました。子どもってすごいなと思いました。大人の発想を遥かに越えているのです。

それから、わり算の答えには0もあることを確認しました。

「だからね、２÷３＝０あまり2となります」

私が、そう言った時でした。隆平君が思わず立ち上がって言いました。まるで叫ぶみたいに！

「じゃあ、二匹のセミはどうするの！」

みんな爆笑です。

でも隆平君の気持ちは分かります。子どもだったら二匹のセミをそのままにしては帰れませんものね。

○授業づくりと学びのポイント

☞わり算の答えに0があることの発見は、子どもたちにとって大きな驚きとなりました。子どもたちは、既習の知識を使いながら未知の問題に挑戦し、様々な理由をつけて解答を求めていきます。子どもらしい考えやこだわりが、討論の中で自由に発表されることで、学びがいっそう楽しくなり深まっていきます。

（注1）問題文は数教協の田島文明氏の本『たのしくわかる算数三年の授業』（あゆみ出版、一九八一）から。私は「子どもの論理」を大切にして授業を工夫し展開してみた。

(2) 快君、泣かないで！　君が正しい　【三年生　理科―豆電球と回路の秘密―】

班の理科係がちょっと得意そうに、みんなの机の上に豆電球のセットを配りました。三年生の理科の時間です。みんな瞳をキラキラさせて、豆電球と乾電池、赤と青の導線つきのソケットを見つめています。

「昨日、どうしたら豆電球が点くか挑戦したね。それを黒板に図や絵を使って描ける人いますか」

手をあげた子たち九名全員が黒板の前に立ちました。みんな思い思いに豆電球に明かりがつく絵を描きました。大きさや向きが一人一人違います。でも、どの子も一個の乾電池のプラス極とマイナス極から導線が出て、豆電球が輝いています。

「上手に描けたね」

可愛くて味わいのある絵を見て私は言いました。配線図で使われる乾電池の記号を教える前に、実験の様子を自分の手で絵や図を使って表すことを私はとても大切にしていました。

私は、絵の完成の後言いました。

「よし、豆電球をつけよう」

「やったあ！」

「先生、教室の電気を消して！」

「カーテンも閉めようよ」

薄暗くなった教室のあちこちに小さな星の光のように豆電球が灯りました。


（図1）

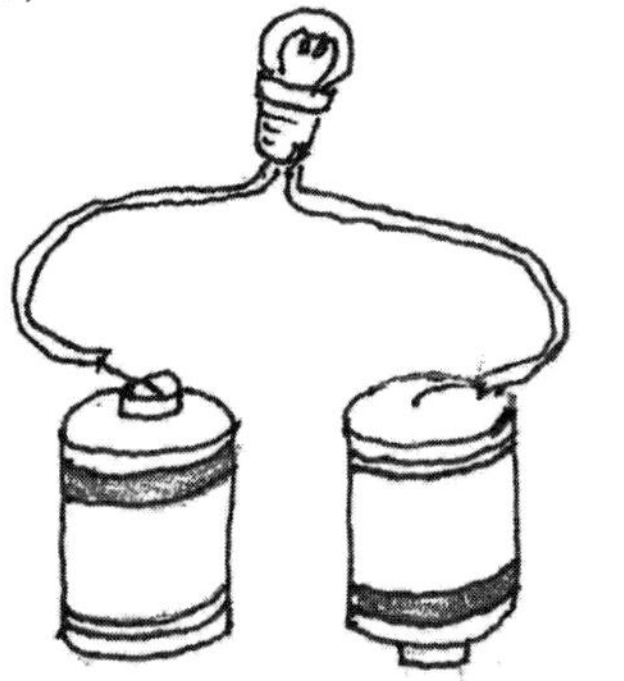

※二個の乾電池、豆電球はつくか

子どもたちが落ち着いたところで、今日の問題に挑戦です。

《図のように二個の乾電池と導線をつなぎました。豆電球の明かりはつくでしょうか》（図1）

私は、黒板に二個の乾電池をそれぞれ逆向きになるように描きました。豆電球につながる導線を二つの別々の乾電池の＋極と－極につなげました。乾電池の下部は互いに接続していません。

みんなは「そんなの簡単だよ」とニコニコ笑っています。クラス全員に尋ねました。するとこんな結果が…。

・豆電球はつく…二三人。
・豆電球はつかない…一人。
びっくりするような数字です。「つかない」と手をあげたのは快君一人。周りをみて驚いています。

「話しあってみよう」と私。

子どもたちが次々に手をあげて自分の考えを述べ始めました。

「一つの電池のとき、＋極と－極から線をつなぐと明かりがついた。乾電池が二個あっても＋と－があれば豆電球はつくと思う」

発言する真治君の顔は確信に満ちています。続いて裕子さん。

「－と－はダメだった。＋と＋もだめ。－と＋をつないでいるから豆電球はつくはずです」

「電池は二個あるから、エネルギーは倍になり光は強くなると思います」

これは正直君。

子どもたちは、それぞれの理由を言いながら発言しました。ところが、意見を言うのは、みんな「豆電球はつく」という子どもたちだけです。私は、一人だけ「つかない」と手をあげた快君の発言を待ちました。「快君頑張れ、君の発言を待っているよ」と心で願いながら。

ところが、ふだんこれくらいのことにへっちゃらできちんと反論できる快君が、今日はどうしたわけか、じっと下を見つめたまま唇を噛んでいます。

「快君、君の意見を聞きたいな」

と、私が発言をうながしても快君は身体を固くしたままです。

「よし、じゃあ実際に班の友だちと実験をしてみよう！」

と、私は言いました。

＊快君、泣くな！　君の考えが正しかったよ！
各班の実験が始まりました。すると、息を飲むような一瞬の後、教室のあちこちから驚きの声があがりました。

「あれ？　つかないよ」

「本当だ、つかない！」

「えっ、これってどうして」

快君をみると涙ぐんでいます。自分の考えが一人だけ違い、耐えることが辛かったのでしょう。

「クラスのみんなが『つく』と言う。ぼくはそうは思わない。でも、もしかしたら間違っているかも…」

そんなふうに快君は考えたのかもしれません。

子どもたちが快君の周りに走り寄りました。快君を取り囲み、肩を抱きながら言いました。

「快君、凄いよ！　一人だけ正しかった」

「快君の言う通りだったね」

やさしい子どもたちの声を聞いて、快君は何度も頷きながら、耐えていた感情を爆発させるように、声をあげて泣き出しました。

この学習を通して子どもたちは大切なことを学びました。正しいことはたった一人でも主張すべきこと。快君のように勇気をもって手をあげること。真理や真実は、単純な多数決では決まらないこと等々です。

皆はその後二個の乾電池をあれこれと操作し、二つの乾電池の反対側の＋極と－極をつなげれば豆電球に明かりがつくことを発見していきました。

翌日、この日の実験を、子どもたちと絵を描きながらまとめていきました。

「二個の乾電池を使って、明かりがつかないときと、つくときとは、何が違ったんだろう」

と私。

「あのね、こことここが（二個の乾電池の＋極－極を指さして）くっつかないとダメなの」

「電気の流れが切れていたらダメなの」

「電気の流れが〝輪っか〟になっていないと明かりはつかないの」

と子どもたち。

「そうだね」

と言いながら、私は「回路」と言う言葉を大きく黒板に書きました。

○授業づくりと学びのポイント

☞子どもたちの中には、豆電球をつけたソケットの導線が＋極と－極から出ていれば、明かりがつくと考えている子が多くいました。二つの乾電池を用意して子どもの思考を揺さぶりながら、豆電球が点くためには電流の流れる回路が必要であることを、討論や実験を通して確認していきました。子どもたちの相反する意見が生まれると学びは深まりいっそう楽しくなります。

(3) わからないことを考えるって楽しいことだね　【二年生　算数】

二年生の算数の時間、筆算の難しい問題に挑戦しました。

《１０２－６５》

十の位に０があります。繰り下がりをどうするか、子どもたちが悩み躓くところです。

＊ぼくここからが分らない！

「この問題は難しいよ」と私。

「できるよ、できる！」

「じゃあ、挑戦してみるかい」

「うん、やるよ！」

みんな勇んで問題に取り組み始めました。ところが少しして教室のあちこちから、不安な声の混じったつぶやきが聞こえてきました。

「あれ！」「へんだな…」「ここどうやるのかな」

子どもたちは何度も計算式を余白に書き直し、問題と真剣に立ち向かっています。

私はみんなに言いました。

「凄いね！　新しい問題を解こうとみんな真剣に挑戦している。こんな声が聞こえてきましたよ。『ぼくここからがわからないんだ！』『まだ途中だと思うけど、やり方がわかないの』。こうしたつぶやきって凄いことですよ。算数で考えることに挑戦している〝真っただ中〟なんだ。今、みんなの頭がよくなる瞬間です！」

＊みんな待ってあげて！　いま岳君、考えているんだ
「この問題に挑戦してくれる子いますか」

と、私が言うとたくさんの手が挙がりました。七人の子たちが登場。みんながやり終えて席に着いたとき、岳君が黒板を見つめジッと考え込んでいました。一の位に7と書いた後、モジモジしているのです。

「ノートを見てきてもいいよ」

と私。岳君は自分のノートを見ても悩んでいます。みんなが不思議そうに岳君を見つめ始めたとき、私は言いました。

「みんな待ってあげて。今、岳君は考えているんだよ」

彼のノートを見ると答えは47と書いてあります。ところが黒板に書かれたみんなの答えは37。「ど

うしてぼくの答えは47で、みんなの答えは37なんだろう」と立ち止まり考え込んでいるのです。私は、この姿に感動しました。岳君は、そっと黒板の自分の答えを消すと37と書いて席に戻りました。

※ぼくにやらせて！　悪魔君登場

黒板に書かれた答えは全員37です。これでは岳君の本当の疑問に応えていないし、授業が面白くありません。岳君の他にも、新しい問題のやり方に悩んでいる子や、躓いている子たちが必ずいます。そうした子を含めた豊かな学びを生み出さねばなりません。

私はそのとき「悪魔君」のことが頭にひらめきました。私の教室に登場する「クラスのいたずらっ子アイドル、悪魔君」です。

「ちょっと待った！　ぼくにやらせて！」

黒板に悪魔君の絵を描きました。みんな大笑い。そして口々にいいました。

「悪魔君、何しに来たの？　また大失敗をしちゃうよ！」

「間違えて泣かないでね！」

私は悪魔君になって言いました。

「１０２－６５だろ。こんなの簡単だよ。２－５はできないから、となりの十の部屋へ！　あれ？０なの。じゃあ百の部屋だ。あった！　よし、もらって10（一の位の上に10と書く。百の位の1は0となる）。１２－５＝７。できたぞ。今度は十の位だね。あれ？　0しかない、困ったな。０－６は…と。引けないや。エエイ、０でいいや。だから…答えは7だ。できた！　できた！」

こう言った途端、子どもたちが一斉に抗議の叫び声をあげました。

「悪魔君に言いた〜い！」

「えっ、ぼくの答えが違うって言うの？　あっているでしょ！」

「違うよ。悪魔君、それじゃあダメなの！」

子どもたちは夢中で悪魔君に反論し始めました。

「悪魔君、それじゃあ10もらったんじゃなくて、１００もらったんだよ。変だよ」

「０－６ができないから0にするっておかしいです」

悠斗君と結花さんが口を尖らせて言いました。

「２－５は引けない。十の位は0。だから百の位からもらうの。でも１００はね、まず十の位に入るの！」

と美雪さん。

「あのね、十の位は9になるんだよ！」

これは明君です。不思議な9の登場です。私は悪魔君になって反論しました。

「9だって！　なんで9が登場するの。それって変じゃない？」

美緒さんも遼君も「十の位の上に9を書けばいい」と主張します。でも、その意味をみんなに説明しきれません。

このとき、みんなの意見を静かに聞いていた裕太君の手があがりました。

「百の位から1もらうでしょ。それは１００。一の位で10を使うと90まだ余っているの…」
「……！」

ドキリとするような見事な説明です。なぜ十の位に9を書くのかその意味がよく分かります。教師や大人の発想とは違い、一の位でまず10を使い、残りの90を十の位に書くから9が生まれるんだという説明。その豊かさに感動しました。

私はこの日の授業を学級通信で紹介し、こんな言葉を書き添えました。

《子どもが算数好きになり賢さを身につけるには、この途中までやってみて、はたと立ち止まり、「あれっ？　ここからどうするんだろう」と考える。こうしたわからないことを考えることが楽しくなる子どもを育てることが大切だと私は考えます。答えが速く出せないわが子を否定するのではなく、「わからないことを考えている、モヤモヤした状態のわが子の姿」を愛おしくかっこよく見てあげてほしいのです。そういう姿に感動してあげていると、高学年や中学生になってからも、ジワリジワリと考えることを大切にして、ものごとにこだわり、粘り強く挑戦する子になっていきます》

翌日、宏樹君のお母さんから素敵なお手紙をいただきました。

《先生、いつも『あくしゅ』（学級通信の名前）ありがとうございます。宏樹は、筆算の特に引き算が苦手です。宿題が出たときは、イライラしたり「もうできない！」と放り出したり。つい私も大声で「もうしなくていい！」と言ってしまいます。

でも、『あくしゅ』に、「わからないモヤモヤした姿を愛おしく思ってあげることで、考えることが楽しくなる子が育つ」と書いてあり、すっごくホッとしました。「愛おしく思う」なんて考えつかな

かったのですが、これからは少し笑顔でわが子を見守れる気がします》

問題の意味を理解し解き方が分かることは勿論大切です。しかし、わからないことに興味を持ち「なぜだろう？　なぜかしら？」と、問い続けることの面白さを知る子になってほしいと思います。

○授業づくりと学びのポイント

☞十の位に0がある引き算は、子どもたちにとって難しい問題です。三桁の引き算（筆算）を理解していく分岐点にもなります。こうした個所は、子どもが納得いくまで討論したり、意見の交流をしたりして、理解を深めていく必要があります。

☞学びにおいて「わからないことを問うことや考えることが楽しい」と感じる子・考える子どもを育てたいと思います。問題を前にして悩み格闘する子どもの姿を愛おしく見守り励ますことで、子どもの学びに対する姿勢が変わっていきます。

第七章　秘密を探る物語～みんな学びの探偵団

(1)「オー、ワンダフル！」　大森貝塚発見物語　【六年生　社会】

四月、春の暖かな休日です。駅の階段を奈緒さんが髪を揺らして駆けあがってきました。ワーッと歓声をあげて彼女を取り囲む仲間たち。

「奈緒、お弁当持ってきた」

「もちろん！」

六年生になって歴史の授業が始まりました。第一時間目が「大森貝塚発見物語」です。授業を終えた後で私は言いました。

「今度の休み、大森貝塚へ行かないかい？」

「行きた～い！」

みんなが一斉に答えました。塾や習い事を休んでほぼ全員参加です。

※「オー、ワンダフル！」
授業の始まりに、一枚の人物の写真を黒板にはりました。額が広くひげを生やしています。

「日本人じゃないぞ」

「目つきが鋭い」「お金持ちみたい」「学者かな」

「その通り！」

「何か発見したの」

「鋭いね」。

私はここで、一人舞台を演じました(注1)。

《…一八七七年。一人のアメリカ人が横浜港から船を降り汽車に乗った。その汽車の窓から初めて見る日本の景色を眺めていた。と、突然、彼は叫びだした。

「オー、ワンダフル！　ワンダフル！」

日本人の乗客たちがあわてて窓をのぞく。

「何にも見えないじゃないか」「何を驚いているんだ。こいつは」…》

教卓を座席にみたてて一人二役の演技。みんな大笑いです。

「このアメリカ人に見えて、日本人には見えなかったものって何だろう？」

「侍!?」と慶介君。

「そうか、まだ江戸から明治に変わったばかりだものね」

「日本人の女性を見て驚いた。髪を結っているでしょ」

「幽霊を見た」（爆笑）

「赤い鳥居」

「うーん、ゴミの山に驚いた」

「すごいね。この中に答えがあります」

「えっ、まさか！」

黒板に横浜・東京間の鉄道を書き、途中に大森の地名をつけ加えました。

「これがヒント」

「わかった！　先生、言いたい」

手を挙げた子どもたち一人ひとりを側に呼んで耳元でそっと答えてもらいました。

「みんなの考えは三つでました。①貝塚　②大きな森　③大仏。さてどれでしょう」

正解をすでに知っていて、みんなの推理を待っていた智之君に答えてもらいました。

「この人はモースという名前で大森貝塚を発見した人です。貝塚っていうのは大昔の人が貝を食べてそれを捨てたところなの。だからゴミの山が正解です」

「へえっ、智之君、さすが！」

❋貝塚から出てきたもの

私は、エドワード・S・モースが日本に初めてやってきて貝塚を発見した時のことを話しました。

「モースは東京大学で、汽車の窓から見たことを学生たちに話した。だけど誰も信じてくれない。

『よし、それじゃあ調査に行こう』ということになった。ある日、有志をつのって線路を歩く。歩き出してしばらくすると削られた崖のところに本当に昔の貝殻を見つけたんだ。貝塚は大昔のゴミ捨て場でしょ。だから、そこにいろんなものが混ざっているんだよ」

私は、黒板に発見されたものから三つを選び、絵に描いて子どもたちにたずねました。

第一の絵は、模様がついた小さなかけら。

「トラの模様？」と啓君。

「縄の模様でしょう！」

「日本で初めて見つかった縄模様のかけらだね」

「分かった。土器だ！」

和希君が叫びました。

「ねえ、土器って何あに？」と俊一君。

学びはこんなふうに進んでいきました。理香さんが黒板に土器の絵を描いて「水を入れたり、何かを煮炊きしたりするとき使う道具だよ」と説明してくれました。

私が二番目に描いた絵は、歪んだU字型の図形。

「磁石みたい」「牛の鼻につけるやつ」「入れ物の取っ手」

子どもたちが次々に推理したことを発表します。

「あのさあ、馬の脚につけるやつじゃない」

「歯の矯正道具」

これは、明弘君の発言。教室は大笑いです。

私はU字型の片側に小さな穴を描き加えました。

「…釣り針かな」と結花さんのつぶやき。

「正解！」と私。

それから、第三の絵を描きました。

「こんなものも見つかったんだよ」

「人間の骨だ！」

祐輔君がグッと身を乗り出して答えました。

「そうだね。人間の骨が出てきたの。それでね、その中に骨の真ん中あたりが傷ついていた骨があったの」

「えっ、折れてたの！」

「戦争があったのか」

「殺されたんじゃないの」

子どもたちは、驚くような顔をして心の中に浮かんだ自分の推理を語りました。私はそれを聞いて話しました。

「モースはこれを見て、日本人の祖先が昔は人の肉を食べていたんじゃないかと推理しました。しかし、この見解を聞いて日本人や、外国からきていた多くの学者たちが反対しました。中にはモースのことを『嘘つき』『ペテン師』なんて誹謗中傷した人もいたようです」

＊へえ、モースってかっこいい！
私は、モースのその後を語りながら授業を続けました。

「たくさんの発掘・発見の後で学生たちがモースに言います。『モース先生が発見したから、この遺跡を〝モース貝塚〟と名付けましょう』と。でもモースは反対しました。なぜだと思いますか」

子どもたちは、あれこれと予想しました。

「日本人の貝塚だからかな」

「モース先生がまだ有名じゃなかったから…」

そこで私は言いました。

「モースはこう言ったの。『貝塚はこれから日本の各地で見つかる。だから人の名前をつけるのではなくその土地の名前をつけるといいのです』と。これが日本考古学の出発となりました」

「へえ、モースってかっこいいな！」

子どもたちは、何か憧れの人物と出会えたかのようにモースの写真をしばらく見つめていました。

その「大森貝塚」を探検した日、子どもたちと私は、モースとは逆に大井町駅から大森駅へと向かいましたが、電車の中でとても楽しいことがありました。「歴史の授業が大好きになった！」と言う剛君が、電車が走り出した時言ったのです。

「先生、俺、あれやりたい！」

「あれって、何あに？」と私。

「オオ、ワンダフル！　だよ」

剛君が照れくさそうに言いました。彼を取り巻くみんなが笑いました。

ゴトン、ゴトン、ゴトン。

電車が住宅地の間を走り抜けていきました。大森貝塚の遺跡記念碑は、二か所みえるところがあります。

「今だ！」

剛君が窓に向かって言いました。

「オオ、ワンダフル！」

それは、蚊のつぶやくようなとても小さな声でした。みんなはクスリと笑いましたが、剛君の頬を赤く染めながら勇気をふるって挑戦した姿に、感動しやさしい拍手を送りました。

大森貝塚公園に着くとモースの銅像を見つけ、みんなそこに向かって一斉に駆けだしました。ペタペタと頭を叩き、肩を組み、写真を撮りました。

「先生、約束のアイスクリームちょうだい！」

その日、公園でかくれんぼをしたり品川歴史館を訪ねたりして楽しい一日を過ごしました。

○授業づくりと学びのポイント

☞歴史の授業の第一時間目は、地域と結びつきの深い歴史遺跡・大森貝塚のモースによる発見物語を扱いました。遺跡を子どもたちと実際に訪ねる学習を展開することで、子どもたちの歴史に対する興味・関心が高まっていきました。

☞授業化にあたって資料や物語をていねいに読み込み、教師自身が驚き、子どもたちも夢中にさせるような内容を取り上げることが大切です。すると、教室に生き生きとした推理や討論が始まります。

（注1）列車の窓を使った演技は、若い頃、三上満先生の講演でお聞きしそれを参考にしています。なお授業全体にかかわる物語と資料は『埋もれた日本』（たかしよいち、偕成社文庫、一九八〇）による。

⑵月のかたちの秘密　【四年生　理科】

［1］「しんげつ」ってなあに？

四年生の理科の時間です。私は黒板に次のような言葉を書きました。

《月の（　　　）》

子どもたちはキラリと瞳を光らせサッと手をあげました。

「月の観察」「月のようす」「月の動き」「月の色」「月のかたち」…。

私はどれも学びを深める大切な言葉として、黒板の（　）の上にメモのように書き込みました。

（図1）

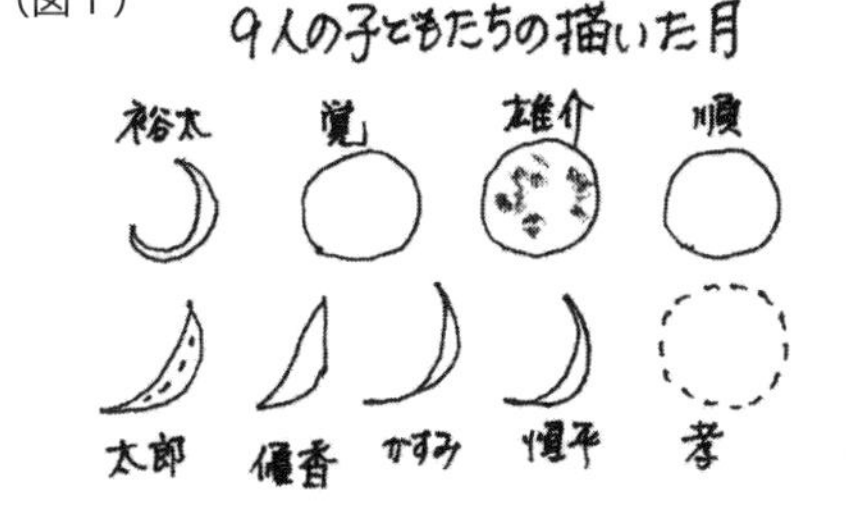

「みんなの考え素敵だね。どれも追究してみたい問題ばかりです。ところで今日は、この中から『月のかたち』について考えてみましょう。自分がこれまで見たことのある月の形を黒板に描いてくれますか」

9人の子どもたちが登場しました。黒板に八個の月が描かれました（図1）。一人首を傾げているのは孝君です。孝君は私の側にやってくると耳元で囁きました。

「ぼく新月を描きたいの。どうやって描けばいいかなあ」

孝君の口から洩れた言葉に私はびっくり。彼の両肩をポンと叩きながら言いました。

「じゃあ、点線で描いたらどうかな」

「先生、ありがとう！」

孝君はうれしそうに、チョークを持つと白い点線で丸い月を描きました。

❋『しんげつ』ってどう書くの？

黒板に描かれた九つの月を順に見つめながら私は孝君の描いた月を指さして言いました。

「この点線の月って何だろう？」

「『しんげつ』だよ…」と雄介君。

「『しんげつ』か！　月の形の名前にあるね。いったい、どんな字を書くと思う？」

私のふと漏らしたこの言葉から、予想もしない楽しい物語が教室に生れました。

「ぼくの予想だけど…」

そう言って海君は黒板に「新月」と書きました。

「なるほど、新しい月だね」

続いて順君は『進月』と書きました。ドキリとしました。

「進化していく月か！」

「ぼくの考えは違います…」

そう言って登場したのは直樹君。黒板に書いた文字は『真月』—。

「ああ、まことの月、真実の月ね」

「ぼくもそう思った」「私も！」

教室のあちこちから賛成の声があがりました。

ところがそれだけでは終わりませんでした。瑞輝君が「神月」と書いたのです。宇宙の神秘とつながっているような気分になります。続いて慎平君が手をあげました。

「先生、ほら…、眠るって言う字があるでしょ。ぼく、あれじゃないかなって思いました」

「えっ、眠るという漢字？」

「寝台車っていうとき使うでしょ」

「ああ、あの寝台者の『寝』か！」

慎平君は列車が大好きで、この夏もお父さんと寝台特急に乗っていました。

「『寝月』！　なるほど。眠っている月だね」

子どもって凄いなと思いました。みんな真剣そのもの、夢中になって考えているのです。

＊想像の翼を広げて

「ところで『しんげつ』ってどんな月だろう」と私。

「月が見えないんです」「月が見えるようで見えないんです」

「満月みたく、丸くみえるのとは違って、まったく月がみえなくなっているんです」

祐樹君の発言に順君が続けました。

「あのさあ、ぼく思ったけど、色が消えかかっている月のことじゃないかな」

その言葉を受けて龍君が言いました。

「夜は月が見えるでしょ。昼になると月が出ていても太陽の光で見えない、その見えない月を言うんじゃないの…」

「龍君に賛成！」

和也君が立ちあがりました。

「朝や昼に透き通って見える月があるでしょ。あれを〝しんげつ〟っていうんじゃないかなあ」裕太君が続きます。

「ぼく朝早く学校で遊んでいてね、教室に戻るとき誰かが『月が出ている』って叫んだの。青い空にうすく白い月が浮かんでいたよ。それを『しんげつ』って言うんじゃないかな」

子どもたちは、自分の体験とつなげて「しんげつ」の意味を問い、楽しい話し合いを続けていきました。好奇心いっぱいで語り合う子どもたちの素敵な〝逸脱〟や自由な発言が私には楽しくてたまりません。

最後はクイズ形式で漢字の正解を明らかにしました。

「『新月』―これが正解です。夜の空に浮かんでいるけれど姿の見えない月のことを新月といいます」

そして、国語辞典を引きながらそれを読んであげました。

「陰暦で、月の第一日」「月の初めの夜に見える月(注1)」

❋じゃあ、三日月って何だ?

黒板に描かれた九人の絵の中で一番多かったのは三日月の形です。

「この形は何あに?」

「『みかづき』です!」とみんな。

「漢字で書けますか」

七人が『三日月』と書いて一人が『実か月』と書きました。

「『三日月』って書くんだけど、なぜこんな名前が付いたんだろうね」

再び楽しい推理が始まりました。

「三日間、月が出てるの」

「三日の中で一回は出てくる月」

「新月から三日たった月だと思う」

こんな発言が続いた後で、遥さんが言いました。

「江戸時代なんかに、この月を見たら三に見えたんじゃないかな」

瑞輝君も続きます。

「あのね、一日目からだんだん口が開いていってミカンみたくなるの！」

二人の発言にみんな大笑い。こうした発言から月のかたちとそれに関わる名前についてみんな大きな関心をよせていきました。月の不思議との最初の出会いでした。

○授業づくりと学びのポイント

☞教師は、新月や三日月などの言葉とその意味について、子どもがすでに知っている事実として取り扱うことが多いと考えられます。しかし、私はここで立ち止まってみました。一つ一つの言葉の意味について、子どもひとり一人の自由な発言や語りを聴いてみると、寄り道や散歩道を楽しむように素敵な逸脱や発見と出会えました。このことを通して、子どもが子どもらしく夢中で学びに参加し、楽しみながら真理や真実の発見へとつなげていくことができました。

（注1）「東の空に上ったばかりの月」という意味もある。

［2］月の秘密と太陽

＊月のカレンダー

新月や三日月をめぐって楽しい討論をした翌日、祐樹君が一枚の紙を手にして、ランドセルを背負ったまま私の前にやってきて言いました。少し口調が興奮しています。

「先生、ぼく調べてきました！」

手渡された紙を見てびっくり。それは祐樹君が、自ら調べて手書きした月のカレンダー（太陰暦）でした。全体が二九の枠で区切られ、そこに一つ一つ月の形が描かれ、月齢と名前が書きこまれていました。月の形を表す陰の部分は、鉛筆で黒く塗り込まれています。

「すごい！　みんな来てごらん」

私が思わず声をあげると、教室にいた子どもたちが「何、どうしたの？」と周りに集まってきました。

「見てごらん。月のいろいろな名前が書かれているよ。祐樹君が調べてきてくれたんだ。こんなに月の名前ってあるんだね」

わたしは、すぐそれを人数分印刷して理科の時間に配りました。そして、月のカレンダーを順に読んでいきました。

「新月」「二日月」「三日月」。月齢七になると面白い名前が…。「上弦の月」「半月」「上（かみ）の弓張り」――。

「先生、『上弦の月』って、弓の形をした弦が上にあるからだよ」

「その反対がね、『下弦の月』っていうの」

昌哉君と涼太君が得意そうに説明してくれました。

それから、「十三夜」「十五夜」「十六夜」「立待月」「居待月」「寝待月」へと。月の名前を読むと昔の人たちの月を待つ姿が思い浮かび心がおどります。

「太陽が沈んで暗闇が訪れると、みんなが月の出を待っているんだ。立って待つ月。寝て待つ月。何だかロマンチックだね」

＊月の形の変化の秘密

そんな話の後、私は黒板の真ん中に小さな地球を一つ描き、その見えない円周上に月を順に配置し、遥か遠くにある太陽の光を受けて、地球上のぼく（わたし）には月がどのように見えるかを、子どもたちと話しあいながら描きこんでいきました。理科図鑑などによく描かれている説明図です。これは、いまひとつ子どもたちには分かりにくい図です。

私は、全員がノートにこの図を描き終わったところで、みんなに言いました。

「よし、外に行こう！　今から月のかたちの変化を見るよ」

「えっ、外で見られるの？」

子どもたちは半信半疑です。

外は冬の青空。太陽が東の空高く輝いています。

「体育倉庫からボールを一人一個持っておいで」と私。

子どもたちがワッと駆けていき、手に手にボールを持って集まりました。黄色いボール。赤いボール。青いボール。白いボール。どれも子どもたちが両手でつかめるくらいの大きさです。

「友だちの影に入らないようにして、間を開けて太陽に向かって立ってごらん」

一人ひとりが枡目のような位置取りで、互いの空間を開けて立ちました。

「ボールを両手で持って高く掲げ、太陽の光をさえぎるようにしてごらん」

「えっ、先生これでいいの」

みんなが両手を同じ方向に掲げている姿は、ちょっと不思議な光景です。

「うん、それでいいの」

「じゃあ、そこからね、両手を高く上げたまま少しだけ左に回転してごらん」

「あっ、光が見えた。先生、ボールの右隅に三日月ができてる」

「うん、そうだね。じゃあ、もう少し体を軸にして回ってみよう」

「あっ、ボールの半分に光が当たっている。半月だ！」

「いいぞ。そのまま少しずつ反対向きになるまで回転してごらん」

「おお、月がだんだん太っていく！」

「満ちていくって言うんだよ」

子どもたちの弾んだ声が辺りに響きました。

「満月になった」

「ぼくも！」

「そうか。太陽の光が月の表面に当たっているんだ」

「もっと左に回転してごらん」

「あっ、だんだん月が欠けていく…」「面白い。逆の半月だね」

「結花、それが下弦の月だよ」

そのうちに浩輔君や佳代さんたちが楽しい発見をしました。

「先生、回転を速くするとね、月の満ち欠けがすごくよくわかるよ！」

「わあっ、面白い！」

子どもたちはスケート靴を履いているみたいに、ボールを高く掲げたまま、その場所でクルリクルリと回転し始めました。

私も真似してみました。

「本当だ！　光にあたっている部分が早送りして見える。月の満ち欠けが一瞬でわかるね！」

❋初めて説明図の意味が分かった

教室に帰ってきて、授業を振り返りながら、理科ノートに観察日記を書きました。楽しい感想がたくさん集まりました。

「月の形の変化の説明図は、前から知っていた。でもその意味がよく分からなかった。実際に体験してみてよくわかった」（輝）

「ボールで月の動きを見ました。急いで回るとよく分かる。ぼくは月からみた地球を見てみたいな」（英明）

「月の形ってこうやって変化するんだなって感心した。そして月はいつも半分輝いているんだね」（祐樹）

輝君は、進学塾で月の形の変化図をすでに学んでいました。しかし、この日の授業を通して初めてその意味をつかんだのです。本当にわかったときの顔は、身体の中からあふれ出すような輝きに満ちていました。

○授業づくりと学びのポイント

☞太陰暦で表した月のカレンダーは、月の形を学んで興味を持った祐樹君が、自ら進んで調べ、まとめてきてくれました。教室にこうした自主的な学びが生まれると学びはさらに意欲的になります。

☞晴れた日、太陽に向かって高くボールを掲げ、ゆっくりと体を軸にして左回りしていくと月の満ち欠けがよくわかります。

(3) 町工場の秘密探検　【三年生　社会】

［1］不思議な部品にびっくり

三年生の社会科、町工場の秘密を探る授業です。

放課後、私は学校のすぐ近くにある小さな工場を訪ね取材しました。工場は、小型トラックがやっと通れるほどの細い路地の片隅にあって、入り口も木戸。注意深く見なかったら、気づかないような場所にありました。

※レバーがある、ねじ回しがある！

授業が始まってすぐ、私は黒板に一枚の写真をはりました。工作機械、旋盤のカラー写真です。レバーやベルトと一緒に細かい部品が付いていて、宇宙船の中の操縦席みたいです。

子どもたち一人ひとりの手には縮小した写真のコピーを手渡してあります。

「これは、これから始まる授業と関係のある写真です。何か気づくことがありますか」

「材料がいっぱいあります」

「スイッチみたいのもある」

「道具がいっぱい」

「複雑な機械みたいだ」

「これは、工場です！」

「何か作っているんです」。

私は、子どもたちの発言を一つひとつ写真の横に小さくメモのように書き入れました。

「写真を見て思ったことだけど、ここは古いっていうか、何年も使っているところだなって…」

「作業場かな」「レバーやネジがある！」

「バネみたいのもあるよ」

「先生、そのバネみたいなものの先に銃みたいのが付いています！」

「おおっ！」と教室にどよめきが生れました。

❋この部品はいったい何だ？

「これはね、みんなの言う通り、町にある小さな工場の写真です。材料を見せるから何を作っているか予想してごらん」

さまざまな太さの金属の長い棒の写真を見せました。

「光ってる」「銀色や金色もある」

「先生質問です。長さはどのくらいありますか？」

「四〜五mかな」

「穴が空いていますか」

「いいえ。金属の棒です」

「棒は切って使うんですか」

図1

町工場からいただいた不思議な金属の塊

「その通り」

「材料は何ですか」

「銅や真鍮、鉄などです」

私がこう返事をすると、裕太君が大きな声で叫びました。

「わかった。金メダルを作ってるんだ！」

みんな大笑いです。

それから私は、机の下から小さな布袋を取り出して教卓に置きました。

「ゴトリ」と重たい音がします。

「席を出てここに来てごらん。工場で作っている製品を見せてあげよう」

子どもたちが、私の周りに集まってきました。

「見せて、見せて！」

そこにあるのは、手のひらに乗るような小さな金属の物体。タコの形、ロケットの形、細い煙突がびっしりと付いた円盤の形がありました。どれも穴が空いています。（図1）

「へえっ！」

「わあっ」

「何だろう、これは…」

初めて見る不思議な形を、子どもたちは驚き、見つめていました。

「手にもって観察してごらん」

加奈さんと孝君が耳元でささやきました。

「シャープペンシルの先かな」

「鉛筆のキャップ？」

そのとき、授業を終えるチャイムが鳴りました。

※この尖った穴から出てくるものは？
二日目の学習です。小さな工場で作られた不思議な物体は何に使われているか、それを話し合うことから授業を始めました。

「手に持つとちょっと重かった」

「軽いのもあったよ」

「どの部品にも全部穴が空いていた」

「先の尖っているものが多かった」

「先生に質問です。その部品は集まるといったい何になるんですか」

「いい質問だね。説明しておきましょう」

私は黒板に子どもたちの好きなキャラクター・ロボットの絵を描き、いくつもの工場から部品が集まり一体のロボットが完成する図を描きました。子どもたちは大笑い。

「まさか！　ロボットの部品じゃないでしょ」

そこで私はヒントを出しました。

「耕介君がどれも穴が空いているって言ったよね。とても重要な発見だった。この穴が秘密を持っているんです。いったい何がここから出てくるか」

「水かな」

「何かの気体かな…」

「写真に金色の粉が見えたから粉じゃないか」

再び私のヒント。

「一つはね、怖いものが出てくるんだよ」

「ええっ！」

「わかった！　炎じゃないか」

裕和君のうれしそうな顔。

由香里さんが質問しました。

「先生、質問です。それはどこにでもあるものですか。人間にとって怖いものですか」

「人間にも動物にも怖いものですよ」

「わかった、警察で使うんだ」

「ええっ！　武器！」とみんな。

私は笑いながら答えました。

「武器ではないです」

「じゃあ、シャワーか」

「シャワーは怖くないよ！」

みんな再び大笑いです。

「三つ目のヒントを言いましょう。この銀色の方はね、命を救うのに役立っているのです」

「ええっ！？」

黒板にみんなの推理した答えを四つ並べて書きました。
①水　②炎　③気体　④粉
ここからはクイズです。私が答えを教えようとすると、子どもたちが一斉に言いました。

「先生、言わないで。ぼくたちで考えたいの！」

そう言って自分たちでかってに討論を始めました。これには私の方がびっくり。みんな話しあうことが大好きなのです。

○授業づくりと学びのポイント
☞三年生の社会科の授業では、町工場を扱います。校区にある身近な町工場を教師が実際に取材し、発見したこと、学んだこと、驚いたことなどを中心に授業の流れを作ることが大切です。

☞町工場で作っている製品を、実際に借りたりいただいたりして、授業の場で見せ、子どもたちの好奇心や関心を高めていきます。

［2］部品は空を飛ぶ！

「じゃあ、答えを言おうか」

子どもたちが固唾を飲んで私を見つめています。三年生の社会科の時間です。

「正解は…、炎と気体です！」

「うわぁ、やっぱりね！」

「ほらみろ、オレ、正解しただろ」

町工場で作られた不思議な金属の物体、それはどれも小さな穴が空いているのですが、一つ一つ大切な意味がありました。

黒板に絵を描きました。

「病院で使われているんだよ」

「あっ、ボンベだ」

「酸素が出てくるんだよね、先生」

「そうだね。命を救うのに使われているんだ」

「先生、もう一つは何？」

「こちらはね、穴の先から炎が出てくるの。溶接に使うんだよ」

「あっ、ぼく知ってる。工場でお兄さんがお面をかぶって使っていたもの」

「青い炎が出てたよ」

＊この人物はいったい誰だ？

それから私は、白い画用紙で隠した一枚の写真を黒板にはりました。

「この部品を作っている人物を紹介しましょう」

と言って、画用紙を少しずつ下から上へと持ち上げて行きました。

初めに手が現われました。それから作業服に赤いトックリのセーターが…。続いて白い髭がポツポツ。

「誰だ？　誰だろう？」

みんな身を乗り出して少しずつ姿を現す人物を見つめています。私はサッと画用紙を取り去りました。子どもたちの目がパッと大きく見開かれました。

「あーっ」

「わかった、わかった！」

立ち上がって叫んでいるのは、孝明君と正夫君でした。写真を指差したまま唇を震わせています。答えを早く言いたいのですが言葉になりません。そこには、みんなの知っている顔がありました。

「準ちゃんちのおじいちゃんだ！　隣のクラスの」

やっと一息ついて、孝明君がうれしそうに言いました。正夫君も強く頷いています。

「ぼく、ここ行ったことある」

「そうか、この機械は準君の家の機械だったんだ！」

＊部品は空を飛んでいく！

「わあ、すごいな。これを作っているのは準君のおじいちゃんなんだ」

子どもたちは、教卓の上の小さな金属の塊と、準君のおじいちゃんの顔写真を見比べながら言いました。

「きっと丁寧に作っているんだよ」

と祐樹君。すると、みんな夢中で語り出し始めました。

「穴の大きさが少しでも違ったらダメなんだよ」

「酸素や炎が出過ぎたら困るもの」

孝明君が、黒板に図を書きながら自分の考えを説明しました。

「この穴ってすごく小さいでしょ。穴の開け方が少しでも違ったら、怒られたり売れなくなったりすると思う。失敗したら、工場が倒産しちゃうと思います」

竜太君も言いました。

「だから、眠くても気を抜くことができないんだよ」

私は、準君のおじいさんの声を伝えました。

「君たちの言う通りです。穴の大きさや形を作るのに苦労するそうです。図面と違う穴を開けて、失敗したこともあるんだって。でもね、今はとても遠いところから注文が来るそうですよ」

「ええっ……！」

「いったい、どこから注文が来ると思いますか」と私。

「東京よりも遠いの、先生」

「関東地方や中国地方も越えていくの？」

「もっと、もっと遠いところ」

「ええっ！　もしかして海外からですか」

「その通り！」

「わぁー、すごーい！」

子どもたちは驚きの声をあげ、知っている国の名前を次々と言い出しました。

「アメリカ」「イギリス」「外国」

「わはは！」

みんな大笑いです。

「カナダ？」「韓国かな」「いいえ」「じゃあ、スペイン」

そして、とうとう康平君が正解を言い当てました。

「ドイツ？」

「その通り！」

私は黒板に世界地図を書き、ドイツの場所を教えてあげました。日本から遥か遠くです。

「すごいなあ、準君ちのおじいちゃんは！」

みんな、溜息をつくみたいに言いました。

「部品は空を飛んで行くのか！」

裕太君が、教室の窓の外を見つめながら言いました。

本当にびっくりです。日本の小さな小さな町工場にドイツの会社から注文がよせられ、みんなの知っている準君のおじいちゃんがそれを作っているというのですから…。

❄町工場を訪ね、おじいさんに会いに行こう!

翌日、準君のおじいさんの働いている小さな町工場を訪ねました。そこはいつもみんなが学校に通う細い路地の一角です。工場があるなんて、ほとんどのみんなが知りませんでした。

横開きの木戸を開けると、中は旋盤が数台だけのマッチ箱のような工場です。働く人は二人だけ。でも、子どもたちの瞳は輝いていました。

工場に続く居間の扉が開いて、準君のおじいさんが登場しました。みんな歓声をあげて握手をせがみ、それから工場の機械や製品について、また仕事で気をつけていることなどを次々に質問していきました。

○授業づくりと学びのポイント

☞子どもたちに一番伝えたいことや考えてほしいことを、具体的な問いの形にして提案し、みんなの話し合いや推理によって解明していきます。

☞町工場は、子どもたちがふだん何気なく通り過ぎる学校近くの路地裏の木造の引き戸を開けた所にありました。働いているのは隣のクラスの準君のお祖父さんでした。教師は、学区内を歩き、学習とつながる驚きの場所や人物などについて知っておくと楽しい学びを創り出すことができます。

(4)「ぼく・わたし」のルーツをたずねて【六年生　社会】

[1]「二つの頭骨の違い」を推理

六年生の歴史の授業です。単元は縄文から弥生へ。私は教科書にはない学びを取り入れました。チャイムが鳴ると黒板に男の子と女の子の顔を描き、その横に次のように書きました。

《ぼくとわたしの〔　　〕をたずねて》

漫画入りの学習テーマです。

「〔　〕の中はどんな言葉が入ると思いますか?」と私。

「歴史をたずねて…かな」

真っ先に手を挙げて答えたのは佳鈴さん。

「先祖をたずねて!」

「過去をたずねて」

「暮らしをたずねて」

直子さんと明君と優希さんが順に答えました。

私は子どもたちの発言に頷きながら答えには触れないで、黒板に日本列島と近接する東アジアの地図を描きました。子どもたちもノートに略図を描きます。

「今日の学習はね、山口県が舞台なの。地図のどの辺りが山口県か分かりますか」

土井ヶ浜遺跡で発掘された人骨（土井ヶ浜遺跡・人類学ミュージアム提供）

武志君が立ちあがり、黒板の地図の前に立って本州の西端を指さしてくれました。

「ありがとう。ここに響灘がある。この海岸の近くで二千年以上前の遺跡が発掘され大発見があったのです。場所は『豊北町』。この町の名前、読めますか」

「とよきた町」「ほうほく町？」

「うん、ほうほく町《ちょう》と読みます」

夕日の沈む響灘の写真を見せました。それから「土井ヶ浜遺跡」と黒板に書きました。

＊骸骨だ！　人間の骨だ！

私は一枚の写真を掲げ「コの字型」に座った子どもたちの席の前を歩きながら言いました。

「一九五三年のこと。ぼくが生まれてヨチヨチ歩きの頃だね。土井ヶ浜の海岸近くの砂丘からこんなものが見つかったのです」

私は『土井ヶ浜ミュージアム』のドーム内の写真

を見せました。みんなグッと顔を近づけ「わっ！」と驚きの声をあげました。

「骸骨だ！」

「人間の骨だよ！」

「いったい何が発見されたと思いますか」

「頭蓋骨とね、体の骨の一部だ」

「そうだね！」

すると、すぐ子どもたちの推理が始まりました。

「人がここに住んでいたんじゃないか」

「ぼくは昔の戦いの跡じゃないかと思う」

「私は、生贄の儀式をした跡じゃないかなって…」

私は子どもたちの発言に続いて言いました。

「これは人間の骨です。しかも二千年以上前の骨でした」

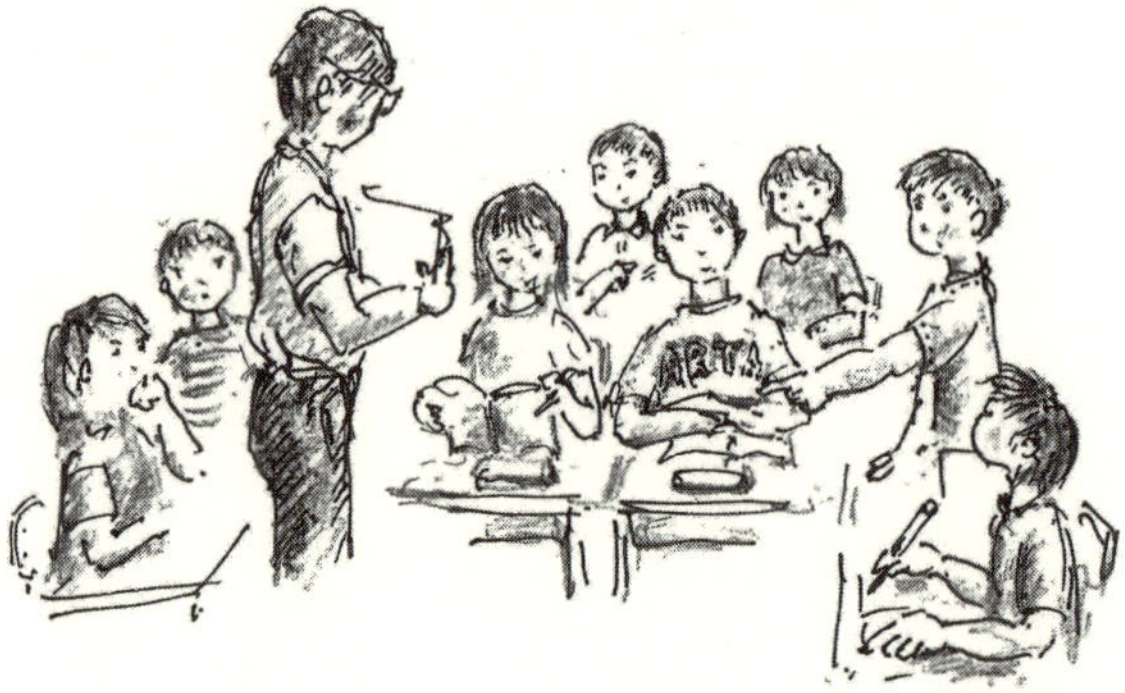

亮君がつぶやきました。
「縄文時代っぽいな」
「今の発言、鋭いね。亮君は『縄文時代っぽい』って言った。その言い方が今日の授業でとても重要になるんです」
亮君は少し照れながら、でも得意そうです。四年生まで小さなことで「キレ」て、授業中、廊下に

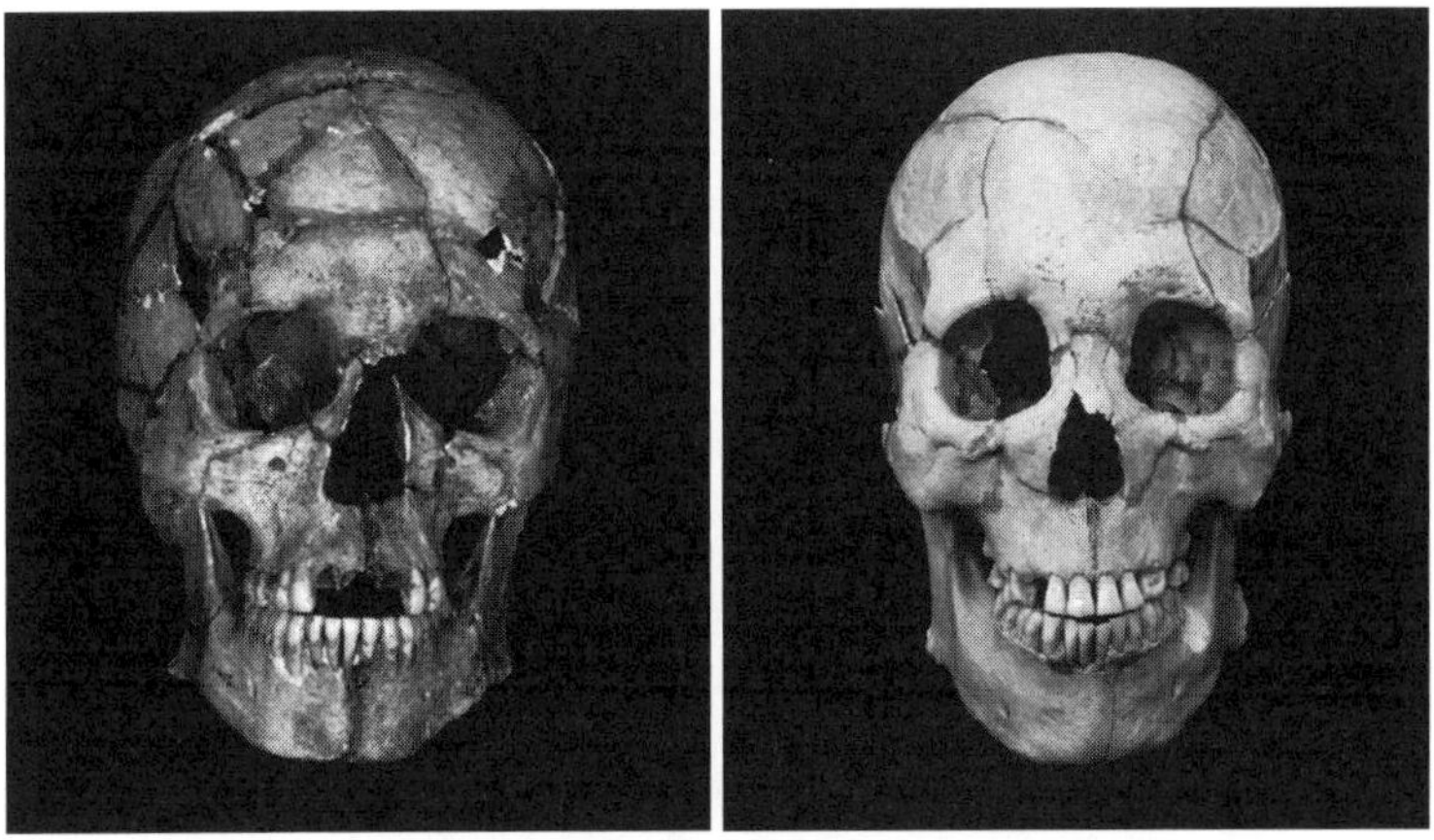

（図１）左が縄文時代晩期の男性頭骨（国立科学博物館提供）。右が土井ヶ浜遺跡の頭骨（土井ヶ浜遺跡・人類学ミュージアム提供）

飛び出したり寝転んだりする少年でした。五年生になって席に座るようになりました。「授業が楽しい」と言って。

私はさらに授業を続けました。

「土井ヶ浜遺跡では、二千年以上前の骨が三〇〇体見つかりました。この三〇〇の骨に実は驚くべきことがあったのです！」

子どもたちが勢いよく手を挙げて発言しました。

「骨にみんな傷があったんじゃないか」

「土器と一緒に見つかった…」

「埋め方が一か所にまとまっていた！」

「女の人の骨ばかりあった…」

「みんなの推理、面白いね。じゃあ、驚くべき発見の一つを君たちに今、手渡そう」

「…！」

＊二つの頭骨の違いを推理
私は机の引き出しにしまっておいた、小さな写真のコピーを全員に配りました。**（図１）**

「わっ、やっぱりそうだ！」

「ドクロだ！」

写真を手にみんな興奮しています。そこには二つの人間の頭の骨が並んで写っています。しかし、よく見ると二つには大きな違いがあります。

「よく見て！　左の頭の骨は縄文遺跡でこれまで発掘された骨です。右側の頭の骨は、土井ヶ浜遺跡で発見された骨です。三〇〇体がぜんぶこちらの骨だった。これにはみんなびっくりしました。今までに発見された骨にはない特徴があったのです」

「すごい！」と息を飲むみんな。

「じゃあ、二つの骨の違いを君たちも発見してください」

たくさんの手が挙がりました。真っ先に発言したのは早紀さん。

「左の方がサルっぽい！」

爆笑です。

「左の骨はお祖母さんの骨じゃない」

「右の骨は若い人かな」

「左は歯が少ないみたい」

「鋭いね、縄文時代は元気な歯を抜く風習があったそうですよ」

「左の骨は右と比べて全体に丸っこいです」

「骨を比べると左の方が横長だ」

「右は縦長！」

「すごいぞ。研究者たちもそのことに気づいた」

「右の骨は顎が細い感じ…。きっと柔らかいものを食べていたんじゃないかな…」

「茉里さん、あなたは凄いね。食べものが原因で顔の形も変わるっていうのね」

その時、理恵さんが「先生！」と大きな声をあげました。

「私思ったんだけど、二つの骨の違いについて、同じ種族じゃないんじゃないかなって」

私はびっくりしました。小学生が、骨の違いの比較から種族の違いまで推理するとは思わなかったのです。

この話し合いを聞いていた賢治君が何だか不思議そうに手をあげました。

「先生、食べものや生活が同じだと顔の形なんかも似てくるの？」

「難しい問題だね。でも最近こんなことも言われているよ。食べ物の変化で日本人の顎の形が変わってきているって…」

みんなこの話に興味津々です。

授業はさらに続いて土井ヶ浜遺跡のもう一つの発見の謎に迫っていきました。

○授業づくりと学びのポイント

☞縄文時代から弥生時代への時代の変化を、授業でどうとり扱うか考えていました。ＮＨＫテレビで放映していた「日本人はるかな旅」のシリーズを思い出し、書店で書籍化されたものを手に入れました。ここから「土井ヶ浜遺跡」の面白さを知り教材化しました。学びのテーマは、『遺跡が語る日本人のくらし』（佐原真著・岩波ジュニア新書、一九九四）からイメージを得ています。

☞授業で使用する写真資料の主なものは、縮小コピーして全員に配布します。子どもたちは、それをノートに貼り、写真や資料からわかること、考えたこと、発見したことなどをメモし、学び合いの場で役立てるようにします。

[2]「渡来説」か「進化説か」

六年生の歴史の授業『土井ケ浜遺跡』の人骨をめぐる子どもたちの推理と討論が続いています。私は、新たな一枚の写真を見せて言いました。

「驚きの発見パート二！」

それは、埋葬された死体が掘り出された時の様子を再現したものでした。子どもたちが叫びました。

「みんな同じ方向を向いている！」

私は黒板に描かれた東アジアの地図を指さして言いました。

「埋められた死体はみんな海の方を向いていたのです」

「先生、空の方も見てるよ」と詩織さん。

「なるほど！　すると人骨は西の空や海を見つめるように埋葬されていたわけだ。学者や発見者たちはこの事実に驚きいろいろなことを考えました」

＊「進化説」か「渡来説」か

「先生私ね、そこで二つの考えが浮かびました」

発言したのは理恵さんでした。黙っていられないという感じで、スッと机の横に立ち、興奮した口調で話しだしました。

「一つ考えたこと。それは、ここで発見された三〇〇の骨は中国や朝鮮半島から来た人たちの骨ではないかと。二つ目は、それとは違って、ここに住んでいた人たちの食べものが変化して骨の形が変わったのではないかという考えです」

私は理恵さんの発言に驚きながら「二つの説があるんだよ」と言って黒板に次のように書きました。

A《〇〇説》vs. B《〇〇説》

「Aの方は、それまで日本に住んでいた縄文人が変化したと考える…」

ここまで私が話したとき、熱い言葉の塊が弾けるように陽介君が叫びました。

「わかった！『進化説』だ」

私は驚きながら彼の言葉に頷くと、話を続けました。

「Bの方は海の向こうからやってきたと考える…」

今度は、知之君がにこにこして手をあげました。

「『渡来説』です！」

「凄いね、二人とも！」

＊この骨の正体を探ろう！

「ここで問題ね。君たちはこの骨の正体をどちらだと思いますか」

こう尋ねると「進化説」一〇人、「渡来説」一二人、どちらともいえないが四人となりました。

「意見をどうぞ」と私。

「土井ヶ浜だから海から来た人たちだと考えられる。漁などしていて流されてきたんじゃないか」

「私は進化説だと思う。丸木舟で海に出たとしても六㎞くらいだって言ったでしょ。日本まで来るなんて無理だ」

「ぼくは渡来説。外国の方に丸木舟しかないといっても、日本のそれとは違うと思う。渡ってくる技術はあったと思うんだ」

「ぼくも渡来説。食べ物で骨が変わる…それは何だったのか。ふつう考えられない」

「私も渡来説に賛成です。急に食べ物が変わるといっても、そんなに変化したり知能が発達したりするのは変だと思う」

子どもたちの討論に私も加わりました。

「実は土井ヶ浜遺跡で発見された人たちは、今ぼくたちが食べているものを食べ始めている」

「米だ！」

「そうだね。それで米を食べるようになったから骨の形が変わったんじゃないかという人たちもいる」

※正しさを証明するために

「では自説を証明するために、どうしたらいいと思いますか」

「朝鮮半島や中国から人間が来たとしたら、証拠になる丸木舟のようなものが日本で見つかればいい」

明菜さんの鋭い発言です。

「ぼくは渡来説だけど、外国の土地から土井ヶ浜で発掘された骨と似ている骨が見つかればいいと思う」

これは、知之君。こちらも鋭い発言です。

私はここで一人の人物を紹介しました。

『土井ヶ浜ミュージアム』の館長、松下孝幸さんは、この問題を解決しようと思いました。松下さんは長崎大学の医学部を出た人類学者です。彼の考えは…」

「渡来説!?」

と子どもたち。

「その通り、渡来説だった。証明方法は君たちの中から出された考えと同じです。出土した骨と同じ種類の骨を大陸や朝鮮半島で見つけることでした」

(ここで朝鮮半島にこの時期の人骨が残っていないこと、中国大陸では古い人骨に較べこの時期の骨が新しすぎて残っていないことを簡単に説明しました)。

「でもね、中国でこの時期の骨が大量にみつかったんだ。それは人口が増えて〔　〕や〔　〕が建

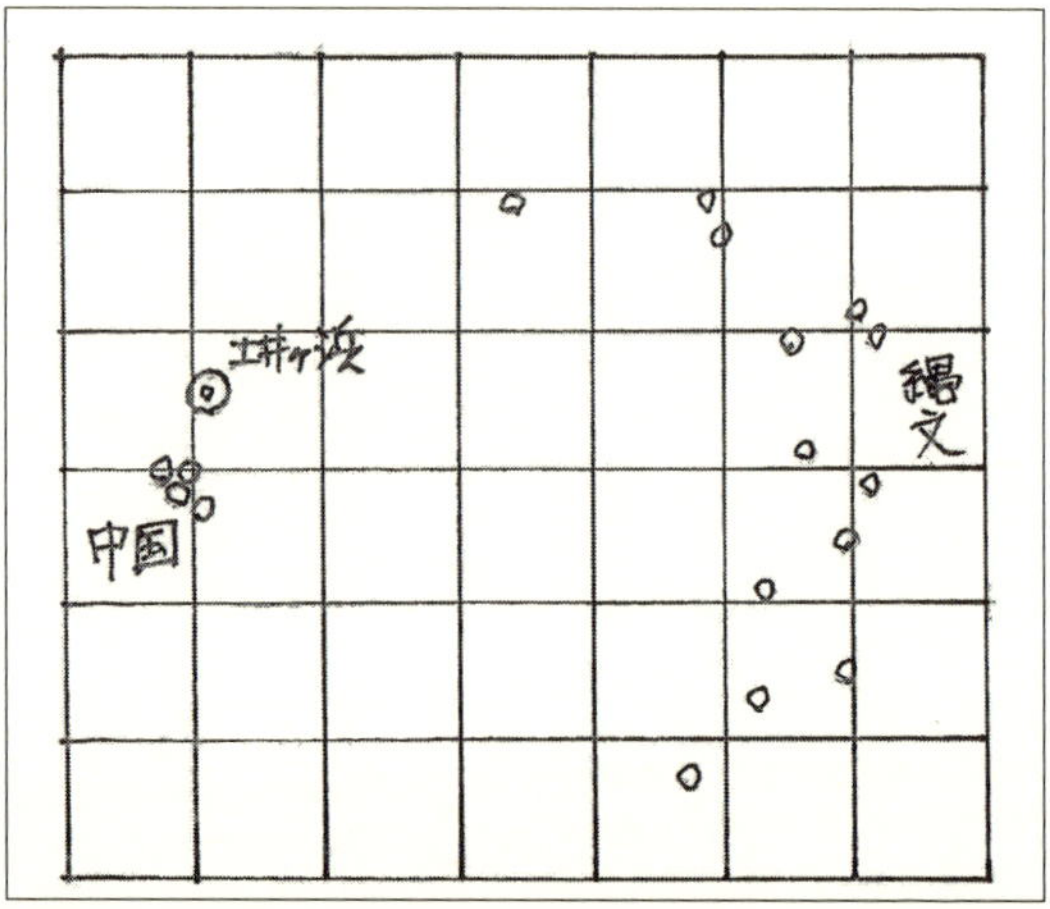

縄文、土井ヶ浜、中国の出土頭骨の計測データの分析結果（『日本人はるかな旅』⑤〈ＮＨＫ出版、2002〉45 頁掲載の写真データより山﨑が作成）

設され始めたからなの」

「住宅？」「団地」

「工場建設？」

「そうだね。跡地から二千二百年前の人骨が出てきた。だから松下さんは調査のために飛行機で中国へ飛びました。さて、そこで出土した人骨と出会ってどんな調査をすると思う？」

「土井ヶ浜遺跡の骨と較べる」

「うん、いいぞ」

「写真に撮る」

「その通り。一枚一枚ていねいに写真にとった」

「上下の頭と顎の長さとか測る」

「いいね。目のくぼみとかもね。三〇〇体近く調べたんだ。それをコンピューターに入力する」

縄文時代に発掘された頭蓋骨と中国で見つかった頭蓋骨の数値はまったく別の位置に示された。

「じゃあ、土井ヶ浜遺跡の頭蓋骨はどちらの数値に近かったのか」

子どもたちが固唾を飲んで見つめる中、私は二つの頭骨の特徴を現した表を黒板に書き出し、黄色のチョークである一点に◎を入れました。

「やっぱり！」

と子どもたち。

「土井ケ浜遺跡で見つかった骨は、中国で見つかった骨の数値と重なりました。渡来説が証明されたのです。こうして縄文人との交流が進み弥生時代へと転換していきます。日本人の原型が生まれてくるのです」

「先生、昨日の授業の始まりの言葉が分かりました。『ぼくとわたしのルーツをたずねて』でしょう」

「そうだね！」

○授業づくりと学びのポイント

☞歴史の授業は、子どもによって興味・関心が大きく異なります。知識の量を競い合ったり歴史上のトピックや物語を紹介したりするだけでは、子どもの学ぶことに対する意欲や喜びは深まりません。今回の授業では、発掘された遺跡の事実から生まれた問いに対し、予想をたて、みんなで真実発見の旅をするように展開を工夫してみました。子どもたちは瞳を輝かせ、隠された秘密を読み解くように夢中になって学んでいきました。

第八章　豊かに広がる学びの世界

(1) ヤゴがトンボになったよ　【三年生　理科・総合】

「虫探検にしゅっぱぁーつ！」

雨上がりの校庭に子どもたちが飛び出していきました。三年生の理科の時間です。木々の葉は、もうすっかり夏色。

「いた、カタツムリだ！」

「わあい、ダンゴムシだ」

みんな夢中になって小さな生き物たちを集め観察しました。

※池の周りに寝転んで

数日後のこと。休み時間が終わると、翔君が小さなカップを胸に抱えて教室に飛びこんできました。

「何見つけたの！」と克哉君。

「ヤゴだよ」

「すご〜い」

翔君の周りを取り囲む子どもたち。

「どこで見つけたの」

「学校池だよ」

「いいなあ。ぼくも欲しいな」

「休み時間、捕りに行こうぜ」

給食後、昼休みの校庭に出てみると、ボウフラの沸く小さな池の周りに、クラスの子どもたちが、膝をつき体を乗り出し水中を覗いています。真ん中に翔君がいて、腕を伸ばし水底を探っています。

「どう、いる？」

「いる、いる。いま捕まえた！」

水中から引き揚げられた翔君の手のひらに黒いヤゴ…。

「すげぇ！　小さな怪獣みたいだ」

子どもたちがつぶやきました。

「ぼくも捕まえた！」

その声は明弘君でした。顔も新品の白いシャツも泥だらけ！　友だちと遊ばないで教室で本ばかり読んでいることを心配していたお母さんの言葉がうそみたいです。もう、すっかり翔君と友だちになって、二人はいいコンビです。

教室に用意したいくつかの水槽は、子どもたちの捕まえてきたヤゴでいっぱいになりました。ヤゴの住処を作り、餌を与えみんなで育て始めました。

※ヤゴが羽化してる！

それから何日かした後です。二時間目の終わり頃でした。

「先生、ヤゴが羽化してる！」

子どもたちが叫びました。

慌てて飛んで行ってみると、黒褐色のヤゴが、ブロックをよじ登り始めていました。一本の棒を見つけて、上へ上へと…。胸がキュンと締めつけられるようでした。

よく見ると背中は二つに割れ、中に濡れて羽をたたんだトンボの姿が見え始めていました。

その時でした。子どもたちが歓声をあげた瞬間、水槽が揺れ、羽化を始めたトンボが水に落ちました。

「あっ！」

「…！」

私は、慌てて羽の伸びきらないトンボを拾いあげ、棒に止まらせました。しかし、もうそれは片方の羽を広げることはできませんでした。声もなくトンボを見つめるみんな…。

「ねえ、こっちのヤゴが石の上を登りはじめたよ！」

勇樹君が別の水槽の羽化を始めた一匹を発見して言いました。

「頑張れ！　頑張れ！」

今度はみんな慎重です。棒を上りはじめたヤゴを、静かにつぶやくように応援し始めました。

「羽が伸びた。今度は大丈夫だ」

「あっ、羽が二つに別れた」

「おっ、動いてる、動いてる！」

子どもたちは、瞳を輝かせてヤゴがトンボになっていく様子を見守り続けました。生き物の命の営みの不思議さに言葉もなく感動していたように思います。

＊

「お〜い！　また教室に戻っておいで」

「先生、このトンボさあ、教室から飛んでいくといいね」

子どもたちが言いました。

「そうだね。ぼくたちの教室からヤゴがトンボになって大空に飛んで行ったら大事件、大ニュースだ。そして秋になったら、また教室にやってきて『こんにちは！　みんな戻ってきたよ』なんて挨拶されたら最高だね」

と私。すると子どもたちがうれしそうに言いました。

「うん、きっとそうなるよ」

羽化したトンボは、しばらく室内にとどまっていましたが、帰りの会の後、教室に幾人かの子どもたちが残っているとき、二階の窓から突然パッと外に向かって飛び立ちました。

「わあっ」と歓声があがりました。ランドセルを背負い、校庭を帰る友だちをみんなが呼び止めて叫びました。

「おおい！　見てごらん。ぼくたちのクラスのトンボが、いま空に向かって飛んでいるよう！」

「わあ、本当だ！」

片方の羽が閉じたままのトンボは上手に飛べませんでした。私は、ベランダに降りたったトンボをそっとつかみ、外の植木にとまらせてあげました。悔しくて悲しい別れでした。

この日の出来事をみんな日記に書いてきました。

《今日、ヤゴが二匹成虫になった。だけどそのうち一匹が死にそうになっていた。ぼくは一生懸命心の中で「がんばれ、がんばれ」と叫んだ。一匹はトンボになった。でも、一匹はもう飛べないと思った。ぼくはかわいそうに思った》…公平
《今日、ヤゴがトンボになって教室から飛んでいきました。私はヤゴからトンボになるところは見たことがなかったので見たとき「うわわわわぁぁ」という気持ちでした》…佳鈴
その後、毎日のように、朝の教室に行くと、羽を打つ音がして、幾匹かのトンボが窓や天井に止まっていました。子どもたちは教室の窓を開け、空に向かってトンボを逃がしてあげました。

「おーい、また教室に戻っておいで！」と言いながら。

○授業づくりと学びのポイント
☞子どもたちが教室に持ち込むさまざまな生き物は、子どもの心をつかみ、生き物の命と出会う素敵な学びの教材となります。ヤゴは、翔君が学校池で見つけました。

☞学校プールが始まる前に、学年の子どもたちみんなで「ヤゴ救出作戦」をすればたくさんの命を救うことができます。ペットボトルを横にして上の一部を切り取り、石ころや小枝を入れて、子どもたちひとり一人のヤゴ飼育用の水槽を作ります。ここからたくさんのヤゴがトンボになって飛んでいきます。

(2)「さかな・魚」命と出会う　【三年生　総合】

[1] 教室に魚が一ぴきやってきた

「先生、きょうは何の授業をするの？」

Sケンを終えて靴箱に向かう途中、汗びっしょりの顔で子どもたちが尋ねてきました。私は笑いながら答えました。

「ふふふ、楽しみにしてね」

教室にはたくさんのお客様。子どもたちのお父さんお母さん、それから区内の栄養士さんたち、そして校長先生も！

❋学びのスタートは漢字から

三年生の教室。机は「コの字」型です。互いに顔を見て語り合い話し合うことのできる形です。私は、黄色のチョークで不思議な線模様を書きました。（図1）

これが授業の始まりです。

「スプーンみたいだ」

「卵が割れて中身が飛びだしてる」

「魚じゃないかな。上を向いているの」

「スペードの形みたい」

「お餅が膨らんでいる！」

「逆さにすると壺の形だね」

みんな思ったことを次々に発言します。周りにたくさんのお客さんがきていることなんてすっかり忘れているみたいです。

図1

図2

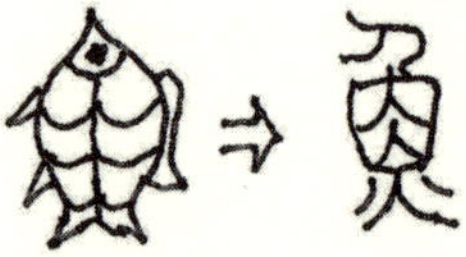

黒板の絵に私は黄色の線を付け加えました。

「魚だ」「絶対魚です！」

と子どもたち。

「これから漢字ができるんだよ」と私。

「ぼく分かるよ」

太志君が前に出てきて「魚」という字を書いてくれました。（図2）

私は子どもたちを見つめながら、この日の授業について語りました。

「今日の学習は『魚・さかな、命と出会う』です。後で料理にも挑戦します」

みんなうれしそうです。今日の持ち物にエプロンと三角巾と書いておきましたから…。机の横には身支度の道具の入った可愛い袋が掛かっています。

「この魚という漢字に別の漢字がくっつくと魚の名前になるんだよ。次の漢字、読めるかなあ」

私はそう言って黒板にひとつの漢字を書きました。

《鮭》

「ウ〜ン、どっかで見たことあるんだよね。何て読むんだっけ」

「土が二個ついてるよ」

「いいところに目をつけたね。ヒントを出そう。魚が川に帰ってくる。いっぱい帰ってきて、積み上げた山のようになるの」

「わかった！　サケだ！」

「その通り！　じゃあ次は？」

《鯨》

「東京の京という字がついてるね」

「うん、東京のように大きいの」

「あっ、あっ、クジラでしょう」

こんなふうにして《鮫》や《鰯》のあてっこクイズを楽しみました。

＊『魚』の詩があるんだよ
「みんなが考えてくれた『魚』について詩を書いた人がいるんだ。その詩を読んでみようね」

そう言って私は黒板に「さかな」（まど・みちお『子どもと心を見つめる詩　詩の読み方・味わい方』〈黎明書房、一九九六〉より）と書きました。

「詩人の『まど・みちお』さんって知っていますか」

コクンと頷く子、首を傾げる子…。そこで私は歌を歌いました。

「♪しろやぎさんから　おてがみ　ついた／くろやぎさんたら　よまずに　たべた…」

私が歌い出すと、勇樹君やリンさんが一緒に歌ってくれました。

続けて「ぞうさん」の歌も歌いました。今度は、みんなも一緒に口ずさみました。

「次は、先生の好きな歌だよ」

「♪ポケットの　なかには／ビスケットが　ひとつ／ポケットを　たたくと／ビスケットは　ふたつ…」

「ああ、その歌知ってる！」

「その『まど・みちお』さんの詩です」

そう言って私は黒板に詩の最初の数行を書きました。

　さかな
さかなやさんが
さかなを　うっているのを
（　　）は　しらない

子どもたちは、詩の空欄を見て、ふっと自分の世界に入り込みながら予想をたてました。出てきた言葉にびっくり！

・先生　・空　・さかな　・三年生　・海　・魚の家族…

「ちょっと読んでみて」と私。

「さかなやさんが　さかなをうっているのを　海は知らない」

「さかなやさんが　さかなをうっているのを　空は知らない」

聴いているだけでワクワクします。

「まど・みちおさんの詩はね、『さかなは　しらない』です」

みんな「ウ〜ン」と唸ります。わずか一行の言葉なのに、新たな別の世界が開かれ、そこに入り込んでいくみたいです。

詩は続きます。

〔　〕が　みんな／さかなを　たべているのを／さかなは　しらない／うみの　さかなも／かわの　さかなも／みんな　しらない

子どもたちと再び〔　〕について推理しました。まどさんの詩は『にんげん』―。

「にんげんが　みんな／さかなをたべているのを／みんな　しら

ない」

胸がドキンとして、ちょっと怖くなるような感じです。

※その魚が、教室に一ぴきやってきた！
詩を読み終えて私は子どもたちに向かって言いました。

「その魚がね、教室に一ぴきやってきたの！」

「ええっ！」

子どもたちが一斉に驚きの声をあげました。


［2］どこの海から来たの？　さば！

「まさか！　本当？　先生」

見学しているお客さんたちもびっくりした顔をしています。

私は、授業の始まる前に廊下の配膳台の下に魚の入った段ボールをそっと置いておきました。町の魚屋さんにお願いして朝一番に市場で仕入れた魚を学校に届けてもらっていたのです。

「席を出ておいで！」

子どもたちが「わあっ」と歓声をあげて私の周りに集まり、給食の配膳台を取り囲みました。

「前の人は座って！　後ろの人は立っていていいよ」

私は段ボールを持ち上げ、ドライアイスの煙と一緒に中から白いふきんの掛かったお皿を取り出しました。そして、魔法使いのように布をとりました。

「エイッ！」

「わあ！　魚だ、本物だ！」

そこには、大人の両手をはみだすほどの大きな魚が一匹！　青く海の色を写したように輝いています。ちょっと怖いくらい…。

「触っていい？　先生」

「勿論だよ。さあ、触りたい人どうぞ」

「ハーイ!!」

元気な子どもたちの陰で、ジリジリと後ずさりするのは裕子さんと佳代さん。

＊みんな、勇気を出して魚にさわる

「わあ、重いよ」

「凄いな、こいつ、海を泳いでいたんだ」

「へえい！　奥さん、魚一匹どうぞ。今日は安いよ、安いよ！」

公平君が、魚の尾びれを持って逆さにぶらさげながら、魚屋さんの真似をして叫びました。みんなドッと笑い転げました。

私は魚をつかむと閉じた背びれを広げました。

「おおっ！　すげぇ」

「こんなふうに泳いでいるんだ」

続いて魚の口を開けました。鋭い歯が並んでいます。

「キャア！　怖い！」

広い海を泳ぐ圧倒的な魚の存在感！　丸ごと一匹の魚の命の輝きがそこにありました。

そのとき俊介君が言いました。

「先生この魚の名前は何ですか」

「あっ、ごめんね。名前を言うのを忘れていました。この魚は『さば』です！」

「これがサバなのか！」

❋サバの詩（うた）

子どもたちはそれから席に戻ると、魚に触って感じたことをプリントに書きました。私はそれを順に発表してもらい黒板に並べて書きました。

「かわいそう」「顔が怖かった」「生きているみたい」「今ごろ海ではお墓を建てているかも」

黒板に並んだ言葉を見て子どもたちに言いました。

「君たちの発表してくれた言葉を順に読みます。先生が一行読んだら、君たちは『さば！』って大きな声で言って下さい。みんなで詩を作るんだよ」

こうして一つの詩ができあがりました。

教室に魚が一匹やってきた

作者：三年一組の子どもたちと先生

生きているみたい　さば！
今ごろお墓を建てているかな　さば！
上の背びれがとじている　さば！
どこの海からきたの　さば！
何日たったんだ　さば！
かわいそう　さば！
目がぐちゃぐちゃになっちゃった　さば！
死ぬと目がやわらかなんだね　さば！
体がペロンペロンだよ　さば！
顔がこわかった　さば！
口が閉じている　さば！
重い！　さば！
うろこもようがついている　さば！
血がついているよ　さば！

でも
ぼくたち人間が食べるんだよね　さば！
「さば！」の部分は子どもたちが笑顔いっぱいで声をそろえて読みました。

※食べた〜い！

続いて取り出したのは一枚の模造紙。真ん中に一匹の魚の絵。そこから放射状に一本一本の矢印。その先には四角い空欄。私が描いておいたものです。『魚・さかなの〝へんしん〟』図です。

「さて、この魚たちだけど、どうやって食べますか」

「おさしみ！」「天ぷら」「塩焼き」

「お寿司」「煮て食べる」

「そうだね。でもね、魚はそれだけじゃない。いろいろ工夫して食べるよ。今度はそれを発見しよう！」

そう言いながら私は空欄の一つに「チキン」と書きました。

「魚が変身してチキンになる。これ、な〜んだ？」

「えっえっ…」

「わかった！　シーチキンだ！」

「その通り！」

段ボールの中から本物のシーチキンの缶詰を取り出しました。みんなワハハと笑いました。

「魚が変身して『ボコ』になる。これな～に？」「ハーイ！」

「かまぼこでしょう」「正解」

「変身して星になるやつもいるよ」

「煮干しです！」ワハハ。

大きな口を開けた子どもたちに煮干しを一匹ずつ入れてあげました。

「おいしい！」

「先生、もっと頂戴！」

と子どもたち。ちょうどここで授業の終わりのチャイムが鳴りました。

[3] 一匹の魚の命と向き合って

「魚・さかな」の物語の授業は、栄養士の夏帆先生からの相談で始まりました。

「栄養士の先生たちが集まって『食』について授業研究をすることになりました。どんな授業をしたらいいか相談にのってください」

「勿論、いいですよ」

と私は答えました。

「一緒にやりませんか。子どもたちは毎日、食事の場面で〃生きものの命〃を頂いています。授業をするなら丸ごと一匹の魚と出会わせたいってなって考えていました」

夏帆先生の瞳が輝きました。

『鰯の手開き』をしましょう！　鰯の頭をもいで、お腹の臓物を取り出し、骨を親指でとるのです。小麦粉をつけてフライパンで焼くと美味しいです。子どもたちにもきっとできます！」

三年生みんなの顔が浮かびました。一匹の魚、鰯と出会い、命のふるえを感じながら料理をするのです。教室の授業は私が、料理の方は夏帆先生が担当することにしました。

※鰯の手開きに挑戦！

四時間目が始まりました。子どもたちは三角巾とエプロンを身に着けて、互いを見つめながら歓声を上げています。

「佳鈴ちゃん、似合っている」

「直君、かわいい！」「へへへ」

小さな料理人たちは家庭科室に向って行進しました。ドアを開けると、そこにはお父さんお母さんたちが先に行って笑顔で待っていてくれました。

教卓の前に夏帆先生が立っています。

「今日は！」と子どもたち。

「今日は！　皆さん。先ほどは素敵な授業を見せてくれてありがとう。感激しました。今度は私と一緒に料理に挑戦しましょうね」

「は〜い！」

夏帆先生が、机の上にあったボールの白い布巾を取りました。数匹の魚が現われました。銀色のお腹、青黒い背、鋭いナイフのような体をした魚です。

「先生、この魚の名前は何というの？」

「イワシ、と言います」

「わあ！　本物だ。大きい！」

「東京湾で今朝捕れた新鮮な鰯なんだよ」と私。

夏帆先生は、子どもたちの見ている前で、「鰯の手開き」を実演してくれました。手元がはっきりわかるように、テレビで拡大しながらです。みんな息をつめてジッと見つめています。

「やってごらん。勇気を出して。今度はみなさんの挑戦です！」

と夏帆先生。

「うん、頑張る！」

涼子さんと歩美さんが、拳をギュッと握りながら言いました。

❄鰯の命と向かい合う

グループに人数分の鰯が配られました。一人一匹です。

「鰯を手に持ってごらん」

おそるおそる鰯を手にする子、唇をギュッと結んで「エイッ」と勢いよくつかむ子。子どもたちの手から、鰯がはみ出しています。圧倒的な存在感です。

お父さんやお母さんたちが、それぞれのグループに付き子どもたちを応援してくれました。

一匹の魚の頭部を、子どもたちがもぎ取るのです。〝命をいただく〟ことの意味を深く実感しながら、勇気をだしてそれと向きあわなくてはいけません。

「そこよ！　しっかり頭の部分を握って、グイッと力を入れるの」

教室のあちこちから、子どもたちを応援する声が聞こえてきます。大人は子どもたちを見守り、手は出しません。

怖くて泣いてしまう子がいるかと思ったのですが、誰一人泣きません。教室に静かな集中が生まれてきました。

「頭が取れたら、お腹を開くの。頑張って！」

みんなの瞳がギラギラと輝いています。真剣そのものです。はらわたを取り出し、身をボールで洗いました。魚の赤い血が水を染めていきます。はらわたは小さなビニル袋に入れました。子どもたちの手はぎこちないけれど、確実に作業をこなしていきます。私は、匂いのたちこめた教室の窓をそっと開き換気扇を回しました。

「今度は骨を取るんだよね。親指を骨の下に入れて…と」

颯太君の独り言が聞こえてきました。手順を確認し自らを勇気づけているのです。

続いて、開いた鰯の体の尻尾を切り落としました。それから、塩を振り、カレー粉入りの小麦粉をつけて、フライパンで焼きました。

「ジュッ、ジュッ、ジュッ！」

鰯はこんがりと焼けて黄金色になりました。

「焼けたら食べてもいいよ」

「おいしい！」「おいしいね」と子どもたち。

側にいるお父さんやお母さんたちにも分けてあげています。

食べ終えて子どもたちが感想を言いました。

「はらわたを取るときはちょっと気持ち悪かったけど、料理して食べてすごくおいしかったです。もっとやってみたいです！」

お父さんやお母さんたちからも感想が寄せられました。

「みんな積極的で好奇心がいっぱい。凄いです！」

「親の方が、これまでちょっと過保護だったかなと思いました。反省です」

満足感いっぱいで子どもたちが教室を後にしました。そのときです。大きな拍手が子どもたちに向かって送られました。

「魚・さかな探検隊」の学習は、こうしていよいよさらに本格的に始まっていくのでした。

○授業づくりと学びのポイント

☞《「さかな・魚」命と出会う》の授業は、栄養士の夏帆先生との共同で、互いに思いを伝えながら考え実践しました。地元の魚屋さんと連絡をとり新鮮なサバやイワシを用意してもらいました。

☞三年生の子どもたちが丸ごと一匹の鰯と出会い、手開きをするにはとても勇気がいります。保護者の方々に学びの意味を伝え、参加を呼びかけました。たくさんの方々が喜んで協力してくれました。

(3) 一滴の水の向こうに　【四年生　社会・総合】

[1] ぼくらはソムリエ

四年生の教室、社会科「上下水道」の学習です。私は総合とつなげて「一滴の水の向こうに」と題し、学習することを考えました。机は「コの字」型です。

※取り出した二本のペットボトル

授業始まりのチャイムが鳴ると私は教卓に大きな紙袋を「どっこいしょ」と言って乗せました。中身を取り出そうとすると子どもたちが言いました。

「先生、ぼくたちに中身を当てさせてよ！」

私は笑いながら頷きました。みんな箱や袋に入った見えないものを推理するのが大好きです。

「それは、どんな音がしますか」

「どこに売っていますか」

「みんなの家にありますか」

鋭い問いが続いて、子どもたちはあっというまに答えを見つけてしまいました。

「中身は、絶対水だよ！」

私は紙袋から大きなペットボトルを二本取り出しました。ちょっと工夫がしてあります。一方は青の、もう一方は水色の画用紙で周囲を包み、中身を見えなくしてあります。二つのペットボトルを「青くん」と「水色くん」と呼ぶことにしました。

＊みんなソムリエになる

「今日は、みんなにこの中身を味わってもらおうと思います。『ソムリエ』になってね、違いを発見してほしいのです」

子どもたちの瞳が輝きました。私は教卓に透明のコップを二個置いて二つのペットボトルの水を注ぎました。ポコポコポコ…

「先生、両方とも透明だね」

「本当に水なの？」

「二つとも水です。その味の違いを見つけてほしいのです。誰か味わってみたい人いますか？」

「ハーイ！」

やりたい子がいっぱい。亜紀さんの名前を呼びました。

「いいなあ、亜紀ちゃん！」

「大丈夫！　後でみんなに味わってもらいますから」

「やったあ！」

亜紀さんは前に出てくると「フーッ」と溜息をひとつつきました。

「大丈夫。毒なんて入っていないよ」

「ワハハ！」と子どもたち。

「ゴクリ！　う～ん」

亜紀さんが首を傾げます。

「じゃあ、こっちを飲んでみて」

「何か、『青くん』の方が甘い感じかな」

続いて、茜さんと直樹君が登場しました。茜さんは名前を呼ばれて大喜び。でも前に出てくると不安そうに言いました。

「ドキドキする。やっぱ、やめようかな」

そんなことを言いながらゴクリ。直樹君もゴクリ。

「『水色くん』の方が少し苦いかなあ」

「何か違うんだよな」

いよいよみんなの挑戦です。給食配膳台の上に小さな紙コップを全員分並べ、「青くん」のペットボトルの水を注ぎました。それをみんなに配りました。同じようにして「水色くん」の水も配りました。

「さあ、君たちは『ちびっ子ソムリエ』だよ。二つの水の味を飲み比べてみてください」

みんな緊張気味です。紙コップの水を口に含み、舌の上で転がしながら味わっています。二つの水の味の違いを黒板に表にしてみました。

【青くん】・まずい・ぬるぬるしている・苦味がある・粘着力・濃い感じ・おいしい

【水色くん】・消毒の味・ふつうの水・まずい・水道の水かな

子どもたちは、「水色くん」の方がちょっと不味くて「青くん」の方がおいしいと言います。でも、何人かは「その反対」という子もいました。

※不思議な薬品を取り出して

「ここに、秘密の薬を持ってきたの」

続いて私は、手のひらに乗るような小豆色の小瓶を取り出して言いました。(注1)

「これはね、学校であることを調べるために使う薬なんだ。保健室から借りてきたの。何の検査だと思いますか？」

「尿検査！」

「血液検査！」

亮介君と稔幸君の発言にみんな大笑い。続いて武志君。

「分った！　プールの検査だ」

「正解！　みんなが泳ぐ夏のプールの水がちゃんと消毒されているか調べる薬です。病気にならないように、プールの水には塩素が入っています。その濃度を調べる薬です」

私はそう言って、教卓に並べてある二つのコップの水に薬を一滴ずつたらしました。すると驚くべき変化が起こりました。

「ああっ！」と子どもたちが声をあげました。一つのコップの水が、あっという間に黄色く染まったのです。

「な、なんだ、なんなんだ、これは！」

「ぼくが美味しいと言った『青くん』の水のほうじゃないか！」

眞君が悲鳴を上げました。

「ええっ！　ぼくたちプールの水を飲んでいたわけ！」

私は笑いながら言いました。

「大丈夫、プールの汚れた水を飲んだわけじゃないよ。学校の水道水です。みんなの家で飲んでいる水と同じです」

「そうか、ぼくたちの家や学校では、この水を飲んでいるのか」

「じゃあ、こっちの『水色くん』は？」

「『天然水』でしょう」

「その通り。消毒液の塩素が入っていないから黄色くならないんだよ」

みんなは初めて知る水道水の秘密に驚いていました。

（注１）現在は塩素に反応して、水がピンク色に染まる錠剤を使っている学校が多い。

［2］水道水はどこから来たか？

翌日のことです。授業が始まるとすぐ、私は小さな透明カップを子どもたちに配って言いました。

「カップに水を汲んでおいで。こぼさないようにね」

机の上でカップの水がキラキラと光を反射し揺れています。

「一口飲んでいいよ」

ゴクリとみんなの喉が鳴りました。ここから今日の学習の始まりです。

「君たちが今飲んだ水は、いったいどこから来たのだろう？　グループのみんなで相談して絵や図に描いて下さい。水の旅だね。最後は、ぼくたちの学校の水道の蛇口にやってくるの！」

私は黒板にこう書きました。

〈〝水の旅〟―一滴の水はどこから来たか？〉

❋水の旅を絵に描く

子どもたちはサッと机を動かして班の形を作り、頭を寄せて考え出しました。教室の六つのグループからいろんな声が聞こえてきます。

「海の水が蒸発して、雨が降るんだよ、山に」

「そうだね、水は川になって流れてくる」

「その水をダムに溜めて、パイプで送ってくるんじゃないの」

「いい考えだ。それを絵に描こうぜ」

こんな声も聞こえてきます。

「海の水をタンクローリー車で運んで、どこかできれいしてるんじゃないか」

「わかった！　水をきれいにする工場があるんだよ」

「私『浄水場』っていう言葉を聞いたことがある。水をきれいにする場所があるんだよ」

「ぼく思うけどね、山の水と海の水の両方を使ってるんじゃないの」

「じゃあ、授業で飲んだ天然水ってどこでとれるの？」

「山に降ったきれいな水なんだよ。まだ汚れていないんだよ」

子どもたちは、グループの考えを絵や図に表して四つ切の画用紙に描きました。そして、それを黒板にはり、各グループの説明を互いに聴き合いました。

❄水道水は海の水か川の水か

討論の始まりです。最初に大きな問題になったのは、水道の蛇口から出てくる水は、海の水か川の水かでした。

「海の水はオシッコで汚れているから飲めないと思うよ」

孝君の発言にみんな大笑い。

「ぼくは、川の水を飲んでいると思う。海の水は塩を取らなくちゃいけない」

「海の水だってさ、砂糖を入れたら飲めると思うよ」

「それじゃあ、ジュースになっちゃうよ」

「私、川の水を飲んでると思う。塩を取るのは大変だから」

「でも、川の水だって汚れているよ！」

「虫が入ってる」

「魚だっているよ」

「ミジンコもいる！」

「海の水から塩をとるより、川の水から魚や虫を取る方が簡単じゃないの」

「でもさあ、川の水だって、いくらきれいにしても取れない汚れってあるんじゃないの！」

「それにね、家で使った汚れた水が川に流れ込んだりしてるんじゃないの」

教室に、熱い討論が続きます。

「その水が海にいったら海だって汚れている。両方とも汚れているんだ」

「今の意見にいいたい。町の水は汚れているかもしれないけれど、山の水は汚れていないんじゃないの」

※よし、水道局に電話しよう
白熱したみんなの討論が続いているとき、芳樹君が突然私に尋ねてきました。

「先生は答えを知っているの？」

ドキリ！　そこで言いました。

「よし。今から水道局に電話して答えを聞いてみよう！」

「ええっ、先生、本当に電話するの？」

みんな、びっくりした顔をしています。私の方もドキドキです。授業中こんな時間に直接電話して、対応してくださるか不安でしたから。

「断られてもいい。とにかく電話して聞いてみよう！」

私は鞄の中から古い形の携帯電話を取り出しました。

「うわぁ、本当だ。本当に電話するんだ！」

「じゃあ、勇気を出して電話をかけ、質問したい人いますか」

「ハーイ！」

みんなやる気満々です。五人を選びました。知りたいことを黒板に書き、順に質問することにしました。まずは私から。都の水道局の広報課に。

「ルルルルル…」と呼び出し音。

「はい、こちらは東京都の水道局です」

「つながったよ！」

「ワ〜イ！」

私は、訳を話して子どもたちの質問に答えていただけるか尋ねました。電話口の男性は「いいですよ」と笑いながら返事をしてくれました。やったね！

トップバッターは憲太君。震える手で携帯電話をギュッと握り、尋ねました。

「あの…質問ですけど、ぼくたちの飲んでいる水は、海の水ですか川の水ですか」

「……」

相手の声は聞こえてきません。聞いている憲太君だけ、うん、うんと首を縦にふって頷いています。

五人の質問は続きます。

「飲んでいる水は何と言う川の水ですか。海の水は飲めないいんですか」

「川の水はどういうふうにきれいにするんですか」

「川にいる魚や虫たちはどうするんですか」

電話を終えた後、固唾をのんで見守っている教室のみんなに憲太君が最初に言いました。

「川の水を飲んでいるんだって！　利根川と多摩川の水を使っているって」

「やったあ！　やっぱり川の水をぼくたちは飲んでいるんだ！」

質問した子どもたちの言葉をみんなは耳を傾け真剣に聞いています。教室にキラキラと輝くような時間が流れて行きました。

【3】森の下の見えない湖

「一滴の水の向こうに」の学習もいよいよ最終回になりました。

授業が始まるとすぐ私は白いチョークを持って、黒板の真ん中に横向きの不思議な怪獣の絵を描きました。顔は右を向き、口を大きく開けています。

「何だと思う？」

子どもたちが答えました。

「東京です」「東京都です」

「東京都の地図です！」

「ファイナルアンサー？」

「ファイナルアンサー！」

「わはは」とみんな笑いました。

その地図に青色のチョークで二筋の線を描きいれました。

「先生、川だね」

「そうだ、よくわかったね。名前が分かりますか」

「隅田川？」「多摩川？」

「利根川かな？」

「うん、これが多摩川ね。こっちは江戸川って言うんだ」

「ところで、ここは？」

「東京湾です！」「そうだね」

「この間、ぼくたちの飲み水のことを学習したでしょう。水道局の方から、利根川と多摩川の水を使っているんだって教えてもらったね。その多摩川の水はどれくらいだっけ？」

「利根川が八〇％、多摩川は二〇％だよ！」

ここで水滴の形をした「しずく君」が登場しました。「しずく君」は、トコトコと多摩川を河口から山側へと上って行きます。自分の故郷をたどるようにね。

上流に台形の記号を描きいれました。

「ダムだ！」

「地図で見るとね、小河内ダムって書いてあります」

「よくわかったね」

❋干上がった小河内ダムの写真

ダムの役割やダムを見たことのある子たちが、自分の知っていることを自由に語り始めました。そんな話を聴いた後、私は一枚の写真をみんなに見せました。子どもたちが驚きの声をあげました。

「わあ、水が少ない」

「地面が見えて、ひび割れてる！」

「これは小河内ダムの写真です。日照りが続きダムの水が少なくなってしまったときのね。こうなると、夏のプールが中止になったり水道の使える時間が制限されたりする。ひどい時はね…」

私はもう一枚の写真を見せました。

「あっ、ポリバケツを持って人が列をつくり、いっぱい並んでる！」

「水不足なんだ！」

「一九六四年、東京が水不足になったときの写真です」

驚く子どもたちを前に、私は三枚目の写真を取りだして尋ねました。

「この写真を見て。何日も何日も日照りが続いてダムの水がどんどん少なくなったのに、ダムのはるか上流ではこうして水が毎日流れていたのです。どうしてだと思いますか？」

それは山奥の渓流の写真です。森の中の岩肌をぬうようにして水の流れ下る様子が写っています。子どもたちの推理が始まりました。

「前に出ていい？」

友哉君がつぶやき、黒板に絵を描いて自分の考えを述べました。

「森には木があるでしょ。この木が水をガードしているんだと思う」

「賛成。森の木がね、日陰を作って、そこに太陽が当たらないから、水は蒸発しないの」

これは彩夏さん。

私は二人の発言をわかりやすく絵に描いてあげました。

「山に雨が降るとね、その水は山から湧き出るんだよ」（真治）

「山に入るとね、固いところじゃなくて柔らかいところがあって、そこに水がたまっているんだと思う」（智弘）

「森の木が水の蒸発を防いでいると思う。でも、あまりにも日照りが続いたら山の水だってなくなるんじゃないかな」（宏樹）

子どもたちの楽しい推理をもとにした話し合いが続きました。

❋水の生まれる森の秘密

そんな子どもたちの前に私は長さ三メートルもある樋を取りだして見せました。

「この樋を使って学習しようと思うんだ。何の役割だと思いますか」

「川でしょう！」とみんな。

「うん、真っ直ぐの川なんてないけど、この装置を川だと思ってね」

次に大きなビーカーを取りだしていっぱいに水を入れました。

「山に雨が降りました。たまった水が川に流れだす…」

私はそう言いながらビーカーを傾けました。すると水はあっというまに長い樋を流れ落ち、下に置いたアルミの盆の中に消えていきました。

「ビーカーの中は？」

「空っぽ…」

「うん、そうなんだ。ところが空っぽにならない秘密が山にはあるの」

「ええっ!?」

「その秘密をここに持ってきました。誰か触ってみる勇気のある子いますか」

「ええっ…」

みんな机の上の段ボールを恐々見つめています。奈緒子さんと克行君と茂君の三人が登場しました。

中身の見えない段ボールの中に恐る恐る手を入れます。

最初に手を入れた奈緒子さんの顔がクシャッとゆがみました。

「きゃっ、何、これ？」

「土かなあ、でもちょと違う。ウー、くさい」

今度は、克行君と茂君です。

「あれ？　何か落ち葉みたい」

「腐った落ち葉かな」

見事な三人の推理です。取りだしたのは園芸店で買ってきた腐葉土。それをビーカーにギュッとつめて、水をいっぱいに入れました。

「あっ、水が消えていく」

「染み込んでいくんだよ」

それを長い樋に傾けると…。おやおや、水はザッと流れず、チョロチョロ流れ出しました。それが長い間続いていきます。

「わあ、まだなくならないね、先生！」

「これが山の秘密だね。たくさんの落ち葉が腐葉土や腐植土となってスポンジの役目をはたし、水をためているのです」

私は、そう言いながら、黒板に次のように書きました。

《森の下の見えない〔　〕》

「森の持っている力をね、森を守っている人たちはこう言うんだって。〔　〕の中の言葉わかりますか」

子どもたちが答えました。

「宝…かな」「水！」「根っこ」「命！」「土！」

「なるほどね、面白いなあ」

私は、子どもたちの言葉に頷きながら一つの漢字を入れました。

《森の下の見えない〝湖〟》

そして、黒板に描かれた木々のいっぱい生えているその下に、水色のチョークでグルリと楕円を描くように「みえない湖」を描きました。

「今日、みんなが意見を言ってくれたけれど、この山に生えている木々を切ってしまうと…」

「そうか！『森の下のみえない湖』はなくなっちゃうんだ！」

こうして、「水源林」の大切さを学びながら水の旅の授業を終えました。

❄奥多摩に行こう！

「一滴の水の向こうに」の学習が終わりに近づいたとき、私は子どもたちに言いました。

「夏休みに多摩川の上流を訪ねて、水の生まれるところを見に行かないかい？」

「行きた〜い！」

「森から流れ出す水を見たいです」

子どもたちが言いました。保護者会でこの話をすると、翌日すぐ幾人かのお父さんやお母さんから賛同の声が寄せられました。

「先生、行きましょう。とても楽しみです」

「結花さんのお父さんと私が責任者になって企画を進めますから！」

これは、真治君のお父さんでした。

夏休みの一日、希望する子どもたちや家族みんなが新宿駅中央線ホームに集合しました。森と水の探検に、奥多摩にある御岳山を訪れました。

「空がこんなに近いのですね」

長尾平で一休み。博君のお母さんが声を弾ませて言いました。山道をさらに三〇分ばかり歩きつづけました。

どこからか水の音が聞こえてきます。みんな一斉に耳を傾けました。光の撥ねる緑の向こうに、暗くひんやりとした坂道が続いていて、水がポコポコ音を立てて流れ出していました。

「うわあ、冷たあい！」

「天然水だあ！」

子どもたちが歓声をあげました。そして、その冷たい水に口をつけました。

「おいしい！」

○授業づくりと学びのポイント

☞水の学習を何から始めるかについて、私は悩み考えました。そこで思いついたのが子どもたちをソムリエにして「水道水」と「天然水」の飲み比べをすることです。

☞次に、毎日家庭や学校で使っている水道水は、どこからやってくるのか。この問いをグループで相談して絵に描き発表し合ってみました。

☞子どもたちの疑問に対し、授業中、直接水道局に質問することに挑戦しました。初回以降は、失礼のないよう事前に水道局に電話し、確認をとってから連絡するようにしました。子どもたちは緊張しつつもライブ感覚を楽しみながら電話と向かい合い、夢中で学習を進めていきました。

☞体と心で実感し豊かな学びとつなげるために、保護者に協力を呼びかけ、子どもたちと奥多摩の水源林の一つを訪ねる旅を企画し実施しました。夏休みの忘れられない思い出になりました。

【エピローグ】

心を捕えた一枚の写真~平和への思いを込めて　【六年生　社会】

六年生社会科の時間です。黒い影のある一枚の写真を黒板に貼りました。浦上天主堂の被爆した『天使の像』の顔の部分を拡大した写真です。写真の説明を一切省き、私は子どもたちの手に小さくコピーした同じ写真を配りました。みんな、それを自分用の歴史のノートに貼るのです。

「木彫りの像ではないか」「いや、石でできているよ」

「あっ、左目がつぶれている」「ケロイドがあるみたいだ」

「隠れキリシタンかな」

孝君や和人君、誠君たちが授業に集中し、発言を始めました。

「その顔ってさ、後ろに何か背負っているでしょ。あっ、そうだ。女神みたいだ」

「黒く焦げている!」

「何か強力な力で破壊されたんじゃないか」

「鋭いなあ、君たちの推理見事です。これは長崎の浦上天主堂の『天使の像』です」

子どもたちの発言を聞いて私がそう答えると、圭太君が勢いよく手を挙げました。

「わかった!　原子爆弾で破壊されたんだ」

「そうです。今日は『ヒロシマとナガサキ』の学習をします」

それから私は、子どもたちに原爆投下について知っていることを自由に発表してもらいました。

※8月6日、朝の広島の町を予想する

みんなの発表を聴いた後、私は尋ねました。

「八月六日、午前八時一五分。この日、広島の町で人々はどんな生活をしていたのでしょうか」

「広島って軍需工場があったでしょ。そこに人々は働きに行っていた」

「子どもたちは学校に行く途中だよ」

すると真治君と竜也君が言いました。

「先生、子どもたちって学童疎開していたんでしょ」

「鋭い質問だね。三年生から六年生までが疎開していました」

「そうか。じゃあ、一・二年生はいたんだ！」「どうして？」

彩乃さんが質問しました。

「親元を離れるのはかわいそうだからだよ。まだ小さいでしょ」

俊君が答えます。

「朝ごはんを食べていた人だっているんじゃないか」「子どもを見送るお母さんもね」

私は、広島の町の空襲に備え、多くの人々が建物の除去に駆り出されていたことを話しました。

そして子どもたちの発言を黒板に書き、そこに人々の暮らしがあり、日々の喜びや悲しみがあり、変わらぬ時間が流れていたことを伝えました。

戦時下ではあっても、失われることのない明日を信じ、生きていた広島の人々の生活や暮らしを、子どもたちは語り合いの中でイメージし心に描くのでした。

＊言葉もなく写真を見つめる子どもたち

それから私は、白いチョークを持ち黒板の左隅に小さな点を打ちました。青い空に突然現れる機体！　点は線となり広島の町の上空へ。落下する原子爆弾。私は黙ってキノコ雲の写真を黒板にはりました。原子雲の下で、人々が、建物が、生き物たちが、自然が、そしてありとあらゆるものが、失われていったのです。

子どもたちは言葉もなく写真を見つめていました。

もう一枚の写真を取りだして子どもたちに見せました。

「これは広島県産業奨励館の写真です」「あっ、原爆ドームだ！」

子どもたちが言いました。その写真もあわせて黒板にはりました。それから資料集や教科書を使って、広島・長崎に投下された原子爆弾の威力と被害の状況について、みんなで静かに語り合い読み取っていきました。当時の子どもや生徒の書いた原爆投下後の様子を記した作文や記録も紹介しながら。

＊小さき頭の骨あつまれり

授業の終わりが近づいてきました。私は再び一枚の写真を取りだして黒板にはり、その横に言葉をそえました。写真は、子どもを抱き天を仰ぐ女性のモニュメント。そして、言葉は、その碑文に刻まれていた短歌です。

《太き　骨は　〇〇ならむ
　　そのそばに　　小さき〇〇〇の骨　　〇〇〇〇〇》

広島の被爆者の歌人、正田篠枝さんの歌です。

「この〇の中に入る言葉を考えてごらん」と私。

子どもたちは、ひとり一人つぶやくように歌をよみ、当てはまる言葉を考えました。様々な予想が発表されました。私は、黄色のチョークでその〇印のなかに正田さんの歌の言葉を書きいれました。

《太き　骨は　先生ならむ
　　そのそばに　　小さきあたまの骨　　あつまれり》

歌が、言葉が、読む者の胸に突き刺さってきます。辛い光景が浮かび上がってきます。熱さと痛みに、叫び声やうめき声をあげる子どもたち。自らも傷つきながら必死に支えようとする教師。私は、広島市内には被爆当時、高等科（いまの中学校一、二年生にあたる）の生徒や小学二年生以下の子どもたちが残っていて二〇〇〇人以上の子どもと二〇〇人以上の先生が犠牲になったことを伝えました。私の話を聞く子どもたちの眼差しは真剣そのものでした。私はそこに、大切なものを真っ直ぐに受け止める子どもの力、未来につながる力を感じました。

「荒れる」子どもたちと言われ、周囲から厳しい眼差しと批判を受けていた子どもたちですが、人間が人間らしく生きることを許さない原子爆弾の存在や悲惨な戦争を否定する子どもの心の底の声を聴いた思いがしました。子どもたちは、みんなこんなにも豊かな感じる力を持っていたのです。

おわりに

二年生の国語の時間です。白い画用紙で隠した一枚の写真を黒板にはって私は言いました。

「何の写真かあててごらん」

画用紙を少しずらすと最初に見えたのは輝く青色、続いて緑色…。

「空…」「ぜったいに空だよ」「緑は木…」

修君や理佳さんたちがつぶやきました。

画用紙をもっとずらすと、濃い緑の葉を茂らせる太い一本の木が現れました。

「わかった！　椎の木だ！」

「学校の椎の木です！」

子どもたちが叫びました。

「そうだね。昨日、先生が写真に撮っておいたの。今日は、これで学習しよう。『言葉のスケッチ』なんだ。でもね、『三つの作戦』をクリアしなくちゃいけないんだよ」

『三つの作戦』とは、椎の木を遠くから少しずつ近づいてスケッチすることでした。最初に校庭の端っこから、次に見上げるほど近づいて、最後は直接椎の木に触って気づいたことを、順に書いていくのです。楽しい言葉のスケッチが生まれました。

「椎の木は遠くから見ると、おばけみたいだ」

「学校の守り神だよ！」

「ぼくね、海賊船に見える」

覚君の言葉に驚きました。お話する度に言葉につまり、涙をあふれさせてしまう覚君でしたから。

椎の木に触った子どもたちが楽しそうに歓声をあげました。

「みんなで手をつなごう！　椎の木を何人で取り囲めるかやってみようよ」

「先生、裕太君が椎の木に登り始めています」

「面白いなあ。梨乃さんもやってみるかい」

「もう、先生ったら！　でも、何かおもしろそうだな」

学習がだんだん遊びの時間になってきました。でも、私は楽しくてたまりません。

突然、いたずらを思いつきました。

私は椎の木の洞の一つに手を突っ込んで、叫び声をあげました。

「わっ、わわわわわ！　手が引っ張られる。助けて！　誰か助けて！」

椎の木の不思議な力に引きずり込まれてしまう。体を揺らして助けを求めました。

「先生を助けろ！」

和希君が叫ぶと、広樹君、誠君、紗弥加さんたちが飛んできて、私の体を引っ張りました。

「セーノ！　よいしょ、よいしょ」

太い木の根っこの上に、みんなで笑い転げながら崩れ落ちました。

「ありがとう。君たちのおかげで助かったよ」

私は、授業のなかで子どもと生きる瞬間が生まれるとうれしくてたまりません。教師であることの幸せを感じます。子どもたちもまた、学びの時間を楽しみ、集中し、〝わたし・ぼくの時間〟を生きているのです。「学びの空間が生きる空間」になっているのです。安心と自由を基軸に、子どもと教師が自然体で学び合える豊かな時間が流れているのです。

私は、本書で、教室の子どもたちと創り上げてきた授業の一端を紹介してきました。ここには、共通する私自身の授業に対する思いや考えが流れているように思います。第一に、安心と自由が教室に保障され子どもが伸びやかに学びを進めていること。第二に、子どもの自由な羽ばたきが個性的な教室の学びを生み出し、それは数々のエピソードに彩られながら一つの物語となり、いつしか新しい世界への扉を開いていること。第三に、子どもも教師である私も、この学びの時間を楽しみながら夢中で生きていること、今この瞬間を生きていること。第四に、そうした学びの時間を通して〝わたし〟や友だちへの信頼を深めながら、学ぶこと・生きること、未来への憧れを、少しずつ心と体に刻み込んでいること。第五に、そうしたことの根底に、いつも子どもの声に耳を傾け、敬意を持って接することを大切にしていること。こんなふうに思います。

これまで、多くの先生たちや教師を目指す学生たちが私の教室を訪問してくれました。そんななかで、千葉大学の片岡洋子先生からは授業の参観後こんなメールをいただきました。私の授業に対する思いを的確に言い当てて下さっているようでうれしく思いました。ここに紹介させていただきます。

《今日は、とても濃い授業を四時間も見せていただき、本当にありがとうございました。山﨑先生が、子どもたちの感情を豊かにすることに心を砕き、子どもたちの表現を引き出す応答をはじめ、表現・しぐさ・ダンスにいたるまで、どの授業にもそうした思いが凝縮されていて、参観していた学生たちも、早起きして来てよかったと言っていました。

子どもたちが、考え、感じ、表現して、それをどれもぞんざいに扱わないという徹底ぶりは、「子どもの声を聴く」という教育の作法を見せつけられた気がします。

四月から教師になる学生は、山﨑先生は大きな声を出さないのに、心に響いてくるとてもいい声ですねと不思議そうに話していました。どれも授業内容に入り込んでしまって、午前中の四時間があっというまでした…》

「子どもの声を聴く」、子どもの多様な表現を含めてそれらを決して「ぞんざいに扱わない」という片岡先生のご指摘は、本書全体に通底する私の基本姿勢であるかと思います。このことによって豊かな学びが築き出されてきたと思うのです。そして、子どもと響き合う私の「声」への参観学生の着目もうれしい。子どもと私という教師が、互いに〝浸透し合う「共時性」〟の中で、学びに集中し楽しみながら生きていることを見事に言い当ててくれているように思います。これが、本書の「はじめに」で紹介した保護者の声である「子どもたちが学ぶことに集中しているとき、教室という箱の空気が透き通るように変わった」という感想と共通するのだと思います。

本書は、「心はずむ学びの世界」というテーマで、長い歴史のある地域教育新聞『文京の教育』（月刊紙）に二〇一二年八月から二〇一七年三月まで、五年に渡り私の授業実践を連載してきたものを基本にしています。出版にあたり加筆修正を加えました。毎月、原稿を送るたびに編集部の穂積美子さん・内田恵美子さん・泉宜宏さんから心温まる感想や励ましをいただき、楽しく執筆を続けることができました。よい機会を与えて下さったと心から感謝しています。

全国の教師のみなさんや、将来教職を目指す学生の皆さんが、本書を手にして下さり「ああ、これだったら、私ならもっと楽しくできる」「子どもが授業で夢中になるって素敵だな」「よし、もっと自由に私らしい授業をしていこう」「私のクラスの子どもたちと、私のクラスにしか生まれない授業を生みだしていこう」、―そんなふうに思って下さったらうれしいです。

この思いが、今日の学校に支配的なスタンダードや、マニュアル対応優先の貧しい授業観・教育観を乗り越え、教育と学校の閉塞を打ち破り、未来を切り拓く力になっていくのだと考えます。本書が、教師の授業をする本当の喜びとつながり、教育の瑞々しい未来に向かって歩み出していく一つの契機になってくれたらと願ってやみません。

アクティブラーニングも確かに重要です。しかしもっと本質的には、子どもの心や魂が震えるような授業を生み出すことこそが、いま求められているのではないでしょうか。それなくして真の子どもの変容はありません。
最後になりましたが、本書の出版において高文研の飯塚直氏には、企画・構成をはじめ加筆に関する的確なご助言をいただくなど大変お世話になりました。ここにあらためて感謝を申し上げたいと思います。

二〇一七年二月一〇日　春は、もうそこに

山﨑　隆夫

山﨑 隆夫（やまざき たかお）
1950年静岡県生まれ。東京都公立小学校教師として38年間勤務。生きづらさを抱える今日の多様な子どもたちを教室で受けとめながら、温かな学級づくり、楽しく豊かな授業づくりを目指し日々努力をしてきた。
現在、都留文科大学教職支援センター特任教授。教育科学研究会常任委員。「学びをつくる会」世話人。
著書に『希望を生みだす教室』（旬報社）『パニックの子、閉じこもる子達の居場所づくり』（学陽書房）『なぜ小学生が"荒れる"のか』（今泉博との共著、太郎次郎社）『みんな悩んで教師になる』（佐藤博との編著、かもがわ出版）『学級崩壊』（高文研、共著）『教師のしごと』（旬報社、共著）『教育学講座　子どもの生活世界と子ども理解』第1巻（かもがわ出版、田中孝彦・片岡洋子・山﨑隆夫編著）などがある。

本文中のカット＝著者

装丁＝商業デザインセンター・山田 由貴

教室は楽しい授業でいっぱいだ！

●二〇一七年 三 月二六日 ―――― 第一刷発行

著　者／山﨑 隆夫

発行所／株式会社 高文研
東京都千代田区猿楽町二―一―八
三恵ビル（〒一〇一―〇〇六四）
電話03＝3295＝3415
http://www.koubunken.co.jp

印刷・製本／モリモト印刷株式会社

★万一、乱丁・落丁があったときは、送料当方負担でお取りかえいたします。

ISBN978-4-87498-613-4 C0037